Dietrich Busch · Kuno Kallnbach
Klaus vom Orde

Vorbilder – Lebensbilder

Johann Christoph Blumhard
Karl Heim · Elias Schrenk

 BORN-Verlag Kassel

Dietrich Busch, Kuno Kallnbach, Klaus vom Orde:
Vorbilder – Lebensbilder
© 1989 by Born-Verlag, Kassel
Gesamtherstellung: Druckerei und Verlag Ahrend, Baunatal
Umschlag: Born-Verlag
ISBN 3-87092-102-1
BNr. 182102
Alle Rechte vorbehalten

Inhaltsverzeichnis

Elias Schrenk *(Kuno Kallnbach)*

	Seite
Zeittafel	10
Der Bahnbrecher der Evangelisation Deutschlands	11
Gottes Wirken in Kindheit und Jugendzeit	12
Im Basler Missionshaus	14
Selbst- und Gotteserkenntnis	15
Krankheit und Gebet um Heilung	16
Missionar in Afrika	17
Die Evangelisationsidee wird entdeckt	18
Weitere Lehrjahre	19
Schrenk wird deutscher Evangelist	21
Evangelisation in der Praxis	23
Sein Arbeitsgebiet	24
Ruhestand in Bethel	25
Zusammenfassender Rückblick	25
Texte – Materialien – Zitate – Denkanstöße	27
Stundenentwürfe	36
Literaturhinweise	42

Johann Christoph Blumhardt *(Klaus vom Orde)*

Der Weg ins Pfarramt	46
Möttlingen – Zeichen des kommenden Reiches Gottes	48
Das Reich Gottes gegen das Reich der Finsternis	49
Erweckung als Zeichen des sieghaften Reiches Gottes	52
Bad Boll – Herd der Hoffnung auf das kommende Reich Gottes	54
Reflexionen	56
Materialien/Zitate	58
Stundenentwürfe	61
Literaturhinweise	67

Karl Heim *(Dietrich Busch)*

Seelsorger – Missionar – Weltreisender	70
Lehrer – Prediger – Schreiber	76
Wissenschaftler – theologischer Denker – Brückenschläger	86
Stundenentwürfe	91
Literaturhinweise	96

Geschichten, die das Leben schrieb – Lebensgeschichten

Nichts ist spannender als das Leben selbst, und da vor allem ein Leben mit Gott.

Grau ist alle Theorie. Auch die christliche. Wie Glaube lebt und erlebbar wird, wie Glauben ein Leben gestaltet, ist die phantastische Erfahrung jedes Christen. Dabei tut es gut zu sehen, daß wir nicht die ersten sind, mit denen Gott handelt. An denen vor uns können wir uns orientieren. Aus ihren Fehlern können wir lernen und brauchen sie nicht selbst zu machen. Von ihrem Glaubensmut können wir uns anstecken lassen. Leitbilder sind deshalb nichts anderes als eine Anleitung zum Glauben und zur Lebensgestaltung.

Ich bin dankbar für die Leitbilder, die in diesem Buch vorgestellt werden. Ich wünsche diesem Buch eine ansteckende Wirkung.

Bernd Bierbaum
2. Vorsitzender der
Arbeitsgemeinschaft
Jugendevangelisation

Elias Schrenk

Zeittafel

1831 Geboren in Hausen, Württemberg
1847 Beginn der Kaufmannslehre in Tuttlingen
1852 Geschäftsleiter in Donaueschingen
1853 Eintritt in die Weltfirma Mez, Freiburg
1854 Ausbildungsbeginn im Basler Missionshaus
1859 Ausreise als Missionar an die Goldküste nach Afrika
1864 Heimaturlaub
1865 Entwicklung der Evangelisationsidee in Heiden/Schweiz
1866 Heirat
1866 2. Ausreise nach Afrika
1872 Endgültige Heimkehr
1873 Kurpfarrer in Davos
1874 Englandreise/Werbedienst für afrikanische Projekte
1875 Missions-Reiseprediger in Frankfurt
1879 Prediger der Evang. Gesellschaft in Bern
1886 Evangelist in Deutschland mit Wohnsitz in Marburg, Straßburg, Wuppertal/Barmen
1912 Ruhestand in Bethel, wo er ein Jahr später verstarb

Der Bahnbrecher
der Evangelisation Deutschlands

Die christliche Kaufmannsfamilie Carl Mez in Freiburg hat ein offenes Haus für ihre Angestellten. Auf vielen Gebieten ist der christliche Kaufmann ein Vorbild: Seine Mitarbeit in mehreren christlichen Komitees, sein soziales Engagement für seine Mitarbeiter und der persönliche Umgang mit ihnen. Als einer der ersten Fabrikanten hat er einen sozialen Wohnungsbau für seine Mitarbeiter eingeführt, ebenso hauptsächlich junge Frauen eingestellt, die in der angehenden Industrialisierung damals nur schwer Arbeit fanden. (Dies war revolutionär für die damaligen Verhältnisse!)
Bei dieser Familie ist an einem Sonntagabend der 22jährige Mitarbeiter Elias Schrenk zu Gast beim Abendessen. Die offenen und geistreichen Gespräche bei Tisch, die Bibellese des Hausvaters, Carl Mez, seine persönlichen praktischen Erläuterungen, dann die Gebetsgemeinschaft der ganzen Familie (auf den Knien!) und der Bibelvortrag im Hause Mez beeindrucken den jungen Gast sehr:
„Das alles packte mich tief. Auf dem Heimweg ... sagte ich mir: Diese Leute haben, was du seit Jahren gesucht, aber nirgends gesehen hast. Ich besann mich keinen Augenblick, gab allen bisherigen Umgang auf und suchte und pflegte von Stund an nur entschiedenen gläubigen Umgang ..."
In der Begegnung mit lebendigen Christen reifen in ihm alte Wunschvorstellungen, Missionar zu werden. Carl Mez, der tüchtige Fabrikant und ebenso engagierte Christ, wird sein Inspirator. Durch einen Lehrer, der ihn zum Bibelstudium anleitet, wird sein Glaubensleben gefestigt und vertieft.
Sein geistiger Horizont weitet sich in der Weltfirma Mez sehr. Er lernt Französisch und ist bald Buchhalter der Firma. Dankbar blickt er zurück:
„In 22 Jahren ist mir kein Mensch begegnet, der mir unter vier Augen den Heilsweg dargelegt und mit mir gebetet und mich

aufgefordert hätte, mich dem Heiland zu übergeben."
Später beurteilt er die Freiburger Zeit so:
„Durch langes Tasten und Suchen wurde ich zubereitet, im späteren Leben allerlei Menschen dienen zu lernen und die göttlichen Spuren vorlaufender Gnade auch im Leben anderer anzuerkennen, statt ein Schablonenmann zu werden, der jeden Menschen über ein- und denselben Leisten spannt, weil man kein Verständnis hat für göttliche Erziehung vor der Bekehrung."
Gehen wir der „vorlaufenden Gnade Gottes" in Schrenks Leben nach.

Gottes Wirken in Kindheit und Jugendzeit

Elias Schrenk wurde am 19. 9. 1831 als zweitjüngstes von fünf Geschwistern in Hausen bei Tuttlingen/Württemberg geboren. Sein Vater, begabt und unternehmend, blieb ihm als gottesfürchtiger Mann in Erinnerung. Täglich wurden im Hause Schrenk Andachten gelesen. Im Elternhaus war wegen Landwirtschaft, Schneiderei und Gemischtwarengeschäft immer viel Betrieb. Als Elias sechs Jahre alt war, erkrankte sein Vater. Bis zu seinem Tod war er fast fünf Jahre lang immer bettlägerig. Den Großvater behielt er als frommen Mann mit großer Bibelkenntnis im Gedächtnis. Die Großmutter lehrte ihn beten. Es waren weniger freie Gebete, sondern Liedverse und Abschnitte aus dem Katechismus. Die Mutter habe wenig religiösen Einfluß auf ihn gehabt. Der Tod seines Vaters im Jahre 1841 war ein schwerer Schlag für ihn. Von da an hatte er mit seiner älteren Schwester die Familie zu versorgen. Dem intelligenten, wißbegierigen, ehrgeizigen Elias war damit der Weg in die höhere Schule und ein Studium verschlossen.
Während seiner Schulzeit hat ein vorbildlicher Lehrer biblische Wahrheiten in seinem Leben verankert und Interesse an der Mission geweckt. Seitdem versuchte Elias, mehr von Gott zu erfahren. Die religiöse und sittliche Lage in der ganzen Umgebung war sehr bedenklich. So wurden 1844 in Hausen 27% uneheliche Geburten registriert.

Die Ortspfarrer mit ihrer liberalen Einstellung übten wenig geistlichen Einfluß auf Elias aus. So war der gewissenhafte Jugendliche ganz sich selbst überlassen. Wen wundert es, daß er sich eines Tages aus Gewissensnöten beim katholischen Dekan in einem Nachbarort zur Beichte meldete.
Nach der Schulzeit entschloß sich Elias Schrenk zur Kaufmannslehre und begann als 16jähriger in Tuttlingen eine vierjährige Ausbildung. Auch hier hatte er es nicht leicht und wurde sehr eingespannt. Alle Kenntnisse mußte er sich selbst erwerben. Seine einzige Erholung bestand darin, daß er sich einmal im Monat einen zwei- bis dreistündigen Spaziergang erlauben konnte. Während dieser schweren Zeit waren es besonders die Predigten des Dekans Heim (Großvater des Theologie-Professors Karl Heim), die ihm bei seiner Suche nach Gott weiterhalfen. Er fand aber niemanden, mit dem er sich darüber seelsorgerlich hätte aussprechen können.
Mit 21 Jahren zog er nach Donaueschingen. Hier genoß er mehr persönliche Freiheit. Seine unternehmerische Begabung wirkte sich in der Geschäftsführung bald positiv aus. Auf allen Ebenen gab es Aufschwung.
Hier lernte er jedoch auch das „weltliche" Leben kennen. Er erlebte glanzvolle Trink- und Tanzgelage mit, die er aber als leer empfand.
Die Sehnsucht nach Gottes Wort erwachte wieder neu in ihm. Von seiner Schwester ließ er sich eine Bibel nachschicken. Jetzt begann er, intensiv darin zu lesen. Auch das Interesse an der Mission wurde wieder geweckt. Aber er konnte sich nur mit der Schwester der damaligen Chefin, einer gläubigen Katholikin, geistlich austauschen. Sie riet ihm ab, jetzt noch Missionar zu werden. In Donaueschingen konnte er nichts Neues für seinen Beruf erlernen. Er sah sich um und fand bald eine Anstellung in der Weltfirma Mez in Freiburg.
Über seine Zeit in Tuttlingen und Donaueschingen schrieb er: „Die Lehrlinge mußten jeden Brief abschreiben (Kopiergeräte gab es nicht). Jeder Artikel, jede Ware mußte mit Preis und Qualität eingeprägt werden. Ich hatte damals keine Ahnung,

daß dieses mühsame Briefeabschreiben eine herrliche Vorbereitung sei für die viele Korrespondenz, die ich als Missionar und Evangelist zu bewältigen hatte. (Ebenso war die Warenkenntnis für seine Tätigkeit in Afrika sehr hilfreich!) Unser Leben besteht nicht nur in losen Abschnitten, jeder Lebensabschnitt ist eine unmittelbare Vorbereitung auf fernere Lebensaufgaben, wenn wir uns nur von Gott führen lassen... Wie außerordentlich viel habe ich z. B. beim Verkauf im Laden für die Seelsorge gelernt!"

In Freiburg erlebte er nun die eingangs geschilderte Horizonterweiterung für seine gesamte Persönlichkeit.

In diese Zeit fiel auch die überlegte Entscheidung, sich im Missionshaus der Basler Mission als Kandidat zu melden. Seine Mutter bat er um Erlaubnis, Missionar werden zu dürfen. Zunächst lehnte sie ab. Später gab sie ihren Widerstand auf.

Im Basler Missionshaus

Bei der Ausbildung fühlt sich Elias Schrenk zunächst oft unterfordert. Er ist so hin- und hergerissen, daß er sogar um Entlassung bitten will. Im Laufe der Zeit lernt er, auch die praktische Arbeit und das schulmäßige Lernen zu akzeptieren. Während dieser Zeit begegnet er einem Pfarrer, der auf Jugendtreffen mit besonderer Geistesvollmacht über die Kraft des Blutes Jesu spricht.

Er erinnert sich:

„Ich litt, wie so viele junge Leute, an verdorbener Phantasie. Ich ergriff die Kraft des Blutes Jesu im Glauben und erlebte Reinigung und Bewahrung. Das war eine herrliche Erfahrung, für die ich noch heute von Herzen danke."

Elias ist auch hier persönlich getroffen. Er fragt nach der verändernden Kraft des Evangeliums.

Im Missionshaus beeinflussen ihn vor allem zwei Lehrer. In der persönlichen Begegnung mit Inspektor Josenhans verliert er seine Schüchternheit. Josenhans bildet ihn zum strategisch denkenden Missionar aus. Pastor im üblichen Sinne will er nie sein.

Sein anderer Lehrer, Geß, lehrt ihn, den einzelnen in seiner Individualität zu schätzen und nicht alle Menschen über einen Kamm zu scheren.
„Ich bekam im Missionshaus nicht nur eine wissenschaftliche Ausbildung, sondern wir wuchsen auch in der lebendigen Erkenntnis Gottes und unseres Heilandes Jesu Christi."

Selbst- und Gotteserkenntnis

Im Lichte der Bibel lernt er sich und seine Situation immer besser kennen. Er fragt gründlich und ehrlich bis ins letzte: „Bin ich der (wirklich), der ich scheine?"
Sein Fragen nach Heilsgewißheit findet er in dem Lebensbild August Hermann Franckes wieder:
„Was hilft mir denn alles, was ich studiere, wenn's noch so köstlich ist, wenn ich kein fröhlich Herz zu Gott und keine Versicherung seiner Gnade habe."
Sein Suchen nach Heilsgewißheit wird dadurch noch verstärkt. Er betet oft stundenlang in den „Gebetsstübchen" des Missionshauses. Es hilft scheinbar nichts. Auch die praktische Anwendung seines Lernens durch Verkündigung im Gefängnis, in Gemeinschaftsstunden, auf Missionsfesten helfen ihm da nicht weiter.
Aber endlich, nach langem inneren Ringen und schlaflosen Nächten setzt Gott selbst durch sein Wort dem quälenden Suchen ein Ende.
Während eines Abendspazierganges, bei dem er betet, wird folgendes Bibelwort für ihn zur entscheidenden Hilfe:
„Diese sind's, die gekommen sind aus der großen Trübsal und haben ihre Kleider gewaschen und haben ihre Kleider hell gemacht im Blut des Lammes" (Offb. 7, 13–17).
Das schlägt ein! Es nimmt die Zweifel, den Zwiespalt über sich selbst weg. Er weiß es zum ersten Mal bewußt für sich und sein Leben:
Gott ist für mich, er hat mich gerettet. Dies festigt auch seine Berufung zum Heidenmissionar.

Geistlich ist er stark, körperlich aber angegriffen und gebrochen. Das monatelange innere Ringen zehrte an seinen Nerven. Er ist gezwungen, sein Studium vorübergehend zu unterbrechen!

Krankheit und Gebet um Heilung

Schlimme Kopfschmerzen, Rückenschmerzen, Hautjucken und Ausschläge plagen ihn sehr. Ihm ist klar, daß er nach Männedorf/Schweiz gehen und sich dort von der Seelsorgerin Dorothea Trudel die Hände auflegen lassen soll. Aber seine Lehrer sind gegen die „Frauenarbeit". Das hält ihn zunächst von diesem Weg zurück, und er sucht Heilung durch eine Kur in Bad Teinach. Weil er hier nur wenig Besserung findet, zieht es ihn nach Bad Boll. Hier werden seit Jahren durch Joh. Christoph Blumhardt Menschen unter Gebet und Handauflegung geheilt. Auch das bringt keine endgültige Heilung. Später muß er nochmals seine Ausbildung unterbrechen und geht als Vikar in die Nähe von Davos, um sich zu erholen. Zwar etwas genesen, aber nicht völlig geheilt, tritt er die Heimreise nach Basel an. Unterwegs erinnert er sich an Dorothea Trudel in Männedorf und kehrt in ihrem Genesungsheim am Zürichsee ein. Dort wird er nicht zimperlich behandelt. Als er z. B. ablehnt, Salat zu essen, weil er in einer Kur in Tarasp dazu angeleitet wurde, fährt Trudel ihn an: „I mim Hus esse Si, er schadet nit" (In meinem Hause essen Sie ihn, er schadet nicht).
Er erinnert sich:
„Am anderen Morgen nach dem Frühstück nahm sie mich ins Verhör und tat mir den Rost ordentlich herunter! Dann legte sie mir drei Tage lang täglich einmal die Hände auf und betete über mir, und nach drei Tagen waren meine Spiralirritationen und mein Kopfleiden soweit behoben, daß ich nach Basel zurückkehren und wieder angestrengt studieren konnte."
Sein ganzes Leben bleibt er mit der Bruder- und Schwesternschaft am Zürichsee verbunden. Mehrfach läßt er sich in Krankheitsnot die Hände auflegen und erlebt sehr oft Besserung und Heilung.

Er selber hat später viele Menschen durch Handauflegung heilen können. Aber nie macht er ein Gesetz daraus, daß man bei Glaubensgebet und Handauflegung keinen Arzt hinzuziehen dürfe. Beide, Seelsorger und Arzt, betrachtet er als Gabe Gottes. Durch beide wirkt Gott. Auch hier läßt er sich nie in ein Schema oder System pressen und tut es auch bei anderen nicht.
Aber zeitlebens hofft er, daß die Gabe der Krankenheilung vermehrt in der Gemeinde Jesu entdeckt wird. Trotz Überbewertung dieser Gabe und Auswüchsen in der Pfingstbewegung bleibt die Sehnsucht, körperlich und seelisch Gebundene zu lösen und zu heilen.
Nach Basel zurückgekehrt, wird er wieder der emsige Schüler der Theologie.

Missionar in Afrika

Als 28jähriger reist Elias Schrenk mit einigen Kollegen über Bremen im Auftrag der Basler Mission an die Goldküste nach Afrika. Hier soll er den Kassiererposten der Missionsgesellschaft übernehmen. Dies wird ihm zur Schule des Gehorsams. Er, der sich gerufen weiß zur Verkündigung des Evangeliums, wird nun hauptsächlich mit Bürokratie und Verwaltung beschäftigt.
In Afrika muß er zunächst wie ein Lehrling hinter dem Ladentisch aushelfen. Sein Stolz wehrt sich mächtig. Aber dadurch wird er in seiner Liebe zu Jesus geprüft.
Die Klimaumstellung greift seine Gesundheit an. Ein Leberleiden überfällt ihn. In seiner Not betet er:
„So kann ich nicht leben; entweder mußt du mich sterben lassen oder mir helfen."
Ab sofort wird es besser mit ihm, auch der Gemütsdruck ist verschwunden, obgleich die Leber ein Schwachpunkt seiner Gesundheit für immer bleibt. Er nimmt die Genesung dankbar aus Gottes Hand, ja als Zusage Gottes: „Ich will mit dir sein."
Neben aller praktischen Arbeit predigt er regelmäßig in verschiedenen Gemeinden.

Fünf Jahre lang muß er diesen unbefriedigenden Zustand ertragen, der ihm wie ein Umweg erscheint.
„Afrika war für mich eine Art Midian. Mose mußte 40 Jahre in der Wüste die Schafe hüten ..."
Nach fünf Jahren Afrika ist er reif für den Heimaturlaub. Aber an Entspannung ist nicht zu denken. Er bereist England und sammelt Kollekten für die Basler Mission.

Die Evangelisationsidee wird entdeckt

Als er sich endlich in Heiden (Kanton Appenzell, Schweiz) erholen will und der Rückzug in die Stille sich anbahnt, trifft er sich mit anderen Christen zu einem Bibelkreis. Zunächst hilft er hier bei der Auslegung von Bibeltexten. Bald jedoch erweitert sich der Kreis. Zu den mehrtägigen Abendvorträgen kommen immer mehr Menschen. Viele melden sich zur persönlichen Aussprache. Die Räume werden bald zu eng. Und schon steht er mitten in der ersten Evangelisationsarbeit auf europäischem Festland. Hier wird die Idee der Evangelisation geboren: in der Praxis von Gott angeregt und von Elias Schrenk aufgegriffen. In ihm entsteht der Wunsch, in dieser Art weiterzuarbeiten, der aber erst 20 Jahre später Wirklichkeit werden soll.
Während dieses Heimaturlaubs lernt er auf einem Missionsfest Bertha Tappolet kennen und heiratet sie 1866. Noch im gleichen Jahr reist er zum 2. Male nach Afrika aus. Trotz anfänglicher Krankheitsnot kann sich Elias Schrenk diesmal verstärkt der Gemeindearbeit in Christiansborg/Goldküste annehmen. Seine Frau unterstützt ihn dabei sehr. Unter dem beiderseitigen Engagement wächst die Gemeinde zusehends. Seine Arbeit erstreckt sich auch auf Missionsstationen im Landesinneren. Auch hier darf er Menschen zu Jesus führen. In Taufklassen werden sie vorher in biblischer Lehre unterrichtet. Christen, die ständig „am Rockzipfel hängen", will er nicht zulassen. Jeder soll eigenständig aus dem Worte Gottes sein Leben gestalten lernen. Elias ist umsichtig und beobachtet die sozialen, wirtschaftlichen und politischen Verhältnisse aufmerksam. Aus den

geistlichen Erkenntnissen erwachsen auch soziale Programme für die gesamte Bevölkerung (med. Versorgung, Schulprogramme, Abschaffung der Sklaverei). Seine Nüchternheit kommt ihm bei den Leitungsaufgaben der gesamten Missionsarbeit an der Goldküste zugute.

Rückblickend sagt er:
„Gerne hätte ich in Afrika die Evangelisationsarbeit (wie in Heiden) ausprobiert. Aber meine leitende Tätigkeit war nur vorübergehend." Sein unermüdliches Schaffen wird mehrfach von Krankheit unterbrochen. 1872 muß er, gesundheitlich zerbrochen, das Missionsfeld für immer verlassen. Der Abschied fällt ihm und auch seiner Frau schwer.

Was hat Gott wohl weiter mit ihnen vor?

Weitere Lehrjahre

Vorübergehend kommt er in der Nähe von Männedorf (Zürichsee) unter. Die nächsten Jahre seines Lebens sollen zu einer wichtigen Orientierungsphase werden. So ermöglicht ihm die ruhigere Kurpfarrerstelle in Davos, vielseitige Kontakte zu pflegen. Unter anderem trifft er auch mit Johann Hinrich Wichern zusammen. In diese Zeit fällt auch der Ruf aus England, ein Rauhes Haus nach dem Modell Wicherns in London zu gründen. Deshalb bereist er die deutschen Werke der Inneren Mission. Die Anfrage aus England läßt ihn nicht los. Seine Kontakte nach England vertieft er auf einer Kollektenreise für die Mission an der Goldküste, der er sich immer noch verbunden weiß.

In diese Zeit der Orientierung fällt auch die Begegnung mit dem Evangelisten Moody und dem „König der Prediger", Spurgeon. Dadurch lebt in ihm der Wunsch wieder auf, Evangelist für Deutschland zu werden. Dies schreibt er auch dem Inspektor Josenhans nach Basel, der aber andere Pläne mit ihm hat und ihm eine Reisepredigerstelle für die Basler Mission in Mitteldeutschland anbietet. Schrenk nimmt diesen Vorschlag an und wohnt ab 1875 in Frankfurt/Main.

Seine neue Aufgabe besteht darin, in der Kirche die Beziehung zur Äußeren Mission zu wecken und zu pflegen. In diesem riesigen Arbeitsgebiet erschließen sich viele Kontaktmöglichkeiten zu Pfarrhäusern und Gemeinden. Er evangelisiert eigentlich schon jetzt. Oft denkt er: „Wenn ich jetzt weiterpredigen könnte, wo die Leute etwas warm geworden sind ..."
Dies alles trägt dazu bei, ihn für seine große Lebensaufgabe vorzubereiten.
Nach vier Jahren, vom Reisedienst völlig erschöpft, sehnt er sich nach einer ortsgebundenen Tätigkeit, um mehr Zeit für seine große Familie (sechs Kinder) zu haben. So beginnt er 48jährig als Stadtprediger der Evangelischen Gesellschaft in Bern. Dort findet er eine Zuhörerschaft von ca. 70 Personen in den Sonntagabendversammlungen vor. Bald wächst die Besucherzahl auf 700 an. Der Raum platzt aus allen Fugen. Auch hier verwirklicht er wieder die Idee, mehrere Tage (damals eine Woche) hintereinander Menschen für das Evangelium zu gewinnen. Er arbeitet mit beachtlichem Erfolg. Die gesamte Gemeinde wird mit eingespannt. Weil Gottes Wort mit einer betenden Gemeinde im Hintergrund besonders wirksam ist, bildet er elf Gebetskreise von je zwei bis drei Personen. Ohne diesen „Gebetsrücken" kann er sich eine fruchtbare Arbeit nicht vorstellen.
Seine evangelistische Gabe wird weiter entfaltet. So plant man auf Schrenks Anregung hin Evangelisationswochen in vielen kleinen Landgemeinden. Durch seinen Dienst finden in jenen Jahren Hunderte, ja Tausende zu einer persönlichen Christusbeziehung. Es ist Erweckungszeit in den 80er Jahren des 19. Jahrhunderts im Kanton Bern. Ein Kampf für Gott! Viele Christen lassen sich einspannen. Der Blick für Gottes Möglichkeiten ist offen, und die Geldbeutel sind es ebenfalls. Viele Vereinshäuser werden gebaut. Aber es gibt natürlich auch Widerstand. Von der Kirche ebenso wie vom Volk. An einem Ort kann er nur mit Polizeibegleitung sein Quartier erreichen. An anderer Stelle werden er und der Ortspfarrer von einem Knecht von oben bis unten mit Jauche begossen. Schrenk kommentiert das so: „Es gibt keine Nachfolge Jesu ohne Leiden für Jesus.

Leiden für ihn lernt man nur durch die Praxis. Wohl dem, der lernt!"

In der Berner Zeit wird mit Kollegen die Teamevangelisation erprobt. Mit großem Erfolg wird 1882 in Basel evangelisiert. Diese Veranstaltungsreihe wird zum Stadtgespräch. In diese Zeit fällt auch der Kontakt zur englischen Heiligungsbewegung (Bewegung, die ein schriftgemäßes Leben in der Gemeinschaft mit Gott betonte). Schrenk besucht deren Konferenzen mehrmals in England. Dort lernt er die Heilsarmee unter Booth kennen. Schrenk hält Herz und Augen offen für das, was Gott tut in Kirche und Welt.

Von seinem Freund, dem Professor für praktische Theologie, Theodor Christlieb aus Bonn kommt der Anstoß, die Evangelisationsarbeit in den deutschen Landeskirchen einzuführen. Christlieb wirbt seinen Freund: „Komme nach Deutschland und arbeite in unseren großen Städten, wo es viel nötiger ist als im kleinen Kanton Bern."

Schrenk wird deutscher Evangelist

1884 läßt sich Elias Schrenk für einen Testbesuch in Bremen gewinnen. Anschließend evangelisiert er in Frankfurt. Hier ist er bekannt (siehe Seite 19) und kann 43 Tage lang in verschiedenen Räumen predigen. Dieser gelungene Versuch ermutigt ihn zur Evangelisationsarbeit in Deutschland. Schrenk arbeitet auch mit im deutschen Evangelisationsverein, der 1884 von Prof. Christlieb gegründet wird. Christlieb und seine Freunde sind beunruhigt über die in Deutschland überhandnehmende Gottlosigkeit. In dieser Zeit entsteht auch das Johanneum, eine Schule für Evangelisten. Dort arbeitet Schrenk später auch als Lehrer mit.

1886 ist Schrenk bereit, der Bitte des Evangelisationsvereins, nach Deutschland zu kommen, zu entsprechen. Als 55jähriger gibt er alle Sicherheit finanzieller Art auf (und das mit neun Kindern!). Er weiß sich allein von Gott abhängig und wagt diesen mutigen Glaubensschritt.

Zunächst wohnt die Familie in Marburg, später in Wuppertal/ Barmen. Mit seiner Evangelistentätigkeit beginnt er in Deutschland etwas völlig Neues. Kirchengemeinden und Kirchenleitungen sind skeptisch. Trotzdem setzt sich das Anliegen der Evangelisation durch. Es ist eben nicht nur Schrenks Wunsch, sondern Gottes Sache. Das läßt ihn mit Vollmacht auftreten.

Göttliches Sendungsbewußtsein

Kommt er in eine Stadt, so kämpft er dort in der Siegesgewißheit, daß Gott hier eine besondere Gnadenzeit schenkt.
Er ist überzeugt: „Wenn Gottes Wort mit Gebet verkündigt wird, wirkt es Buße; wir können fröhlich arbeiten, denn der Herr hat die Schlüssel zu den Herzen."
So gewinnt er Tausende für Jesus, und er führt sie zurück zur Kirche.

Seine Predigtweise

Evangelistenpredigt ist populäre Predigt.
„Der Evangelist redet zunächst als Mensch zu Menschen und sucht seinen Zuhörern das Evangelium in einfacher Sprache nahezubringen." Deswegen fordert er für sich und alle evangelistische Verkündigung:
„Wir müssen Jesum Christum, den Gekreuzigten und Auferstandenen so klar verkündigen, daß uns eine Dienstmagd ebenso gut verstehen kann wie der gebildete Mann."
Er greift die Probleme der Volksmassen auf und predigt seelsorgerlich.

Ziel und Inhalt seiner Predigt

Schrenk weiß, was in den einzelnen Menschen vorgeht, kennt die Sehnsüchte, Schmerzen und Verkehrtheiten des Herzens. Darauf geht er ein. Vom biblischen Text ausgehend, beleuchtet

er die Situation des heutigen Menschen. Er will ihn im Gewissen treffen. Zutiefst kann das nur Gott selbst. So rechnet er damit, daß der Heilige Geist das Gewissen aufweckt und Buße wirkt.
Das führt ihn zur Mitte seiner Verkündigung: der Rechtfertigung durch den Glauben. Damit steht er in der kirchlichen Lehrtradition Martin Luthers.
„Nach der biblischen Rechtfertigungslehre bin ich mir selber vor Gott ein verlorener und verdammter Sünder. Gottes Gerechtigkeit ist am Kreuze Seines Sohnes über mir offenbart, ich bin in Ihm, meinem Mittler, verdammt, zum Tode verurteilt, weil kein guter Faden an mir ist. Mich verlorenen und verdammten Menschen begnadigt Gott, wenn ich bußfertig zu Ihm nahe, mich völlig unter sein Urteil beuge und im Glauben Jesum Christum vertraue. Er spricht mir die Gerechtigkeit Jesu Christi zu und behandelt mich als Begnadigten in Christo Jesu, als sein Kind. Die Rechtfertigung ist nicht ein kalter gerichtlicher Akt, kein bloßer Rechtsspruch; durch den Glauben tritt der gnadensuchende Sünder in Lebensverbindung mit Christo" (Schrenk in seiner Autobiographie, S. 173/174). Mit dieser Botschaft ist auch sein eigenes Leben verflochten. Er hat sie erlebt, und sie prägt seine Verkündigung sein Leben lang. Mit ihr ist er noch mehr als 25 Jahre unterwegs.

Evangelisation in der Praxis

Am liebsten läßt Schrenk sich von einem Komitee für Evangelisation rufen oder vom Kirchenvorstand (Presbyterium) einer Gemeinde. So ist die Werbung gewährleistet. Er empfiehlt, mit Einladungskarten von Haus zu Haus persönlich vorzusprechen. Das hat die größte Wirkung. Plakat- und Zeitungswerbung ist für die Veranstalter selbstverständlich. Er legt großen Wert auf intensive Vorbereitung im Gebet.
Seine Vortragsreihen dauern jeweils ca. 14 Tage. Während dieser Zeit wird eine Entscheidung für Christus gründlich vorbereitet. Nachmittags hält er eine Bibelarbeit für Christen, um sie

als Mitarbeiter für die Evangelisation zu festigen und ihren Glauben zu stärken.
Meistens spricht er in Kirchen, schreckt aber auch nicht davor zurück, in Tanzlokalen, Kinos, Theatersälen, ja sogar in der Zirkusmanege zu predigen.
Begründung: „Man muß hin, wo die Leute sind."
In seinen Versammlungen ruft er auf, zur Beichte zu kommen und das Leben zu ordnen. Er richtet dafür sogar Sprechstunden ein. Aus eigener Erfahrung weiß er um die Hilfe und den Segen von Beichte und Absolution. Dieser Dienst beansprucht ihn oft 4–6 Stunden täglich. So wird Schrenk ein erfahrener Seelsorger und kommt mit Tausenden ins Gespräch.
Als reife Frucht jahrzehntelanger Seelsorge erscheinen die „Seelsorgerlichen Briefe an allerlei Leute". Ein wichtiges Anliegen ist ihm nämlich die *Nacharbeit*. Hier wird oft unbefriedigend gearbeitet. An einem Ort verweigert er seine weitere Mitarbeit, weil die Nacharbeit nicht gewährleistet ist. Sein Ziel ist, die Bekehrten und Erweckten in eine Gemeinschaft lebendiger Christen zu führen, um so Nachfolge Jesu einzuüben. Das waren damals meistens Landeskirchliche Gemeinschaften oder Stadtmissionen.

Sein Arbeitsgebiet

Obwohl er sich als Evangelist für ganz Deutschland versteht, arbeitet er doch bevorzugt in einigen Gegenden und größeren Städten Deutschlands. (Später wird er auch nach Petersburg, Riga und Dorpat gerufen.) Erwähnenswert ist sein Einfluß auf den Gnadauer Verband für Gemeinschaftspflege und Evangelisation. Viele Gemeinschaften und Stadtmissionen sind durch Schrenks Evangelisationsarbeit entstanden.
Seit Gründung des Gnadauer Verbandes (1888) arbeitet er auf Konferenzen mit, begleitet die Bewegung konstruktiv-kritisch, zeigt ihr die Aufgabe in Kirche und Welt und fordert sie heraus, sich nach mehr geistlicher Vollmacht auszustrecken. Darin ist er ein ständiger Mahner. Er weiß: Gott kann und will Großes

tun. Die aufkommende ‚Pfingstbewegung', in der das Beten in fremden Sprachen praktiziert wird, beurteilt er zunächst zurückhaltend, später aber sehr kritisch.
Er ist ein begeisternder, aber ebenso nüchterner Mann der Kirche geblieben.

Ruhestand in Bethel

1912 siedelt er nach Bethel um. Hier gibt er Theologiestudenten Einführung in Evangelisationsarbeit und spricht als 82jähriger noch auf Verkündigungswochen.
Im Sommer 1913 erkrankt er erneut. Doch sein letztes Büchlein über die Sendschreiben stellt er noch fertig: Und damit ist auch sein Leben vollendet.
Er stirbt am 21. 10. 1913 nach letzter Leidenszeit.

Zusammenfassender Rückblick über die Wirkung Elias Schrenks in der Geschichte der Kirche

Durch Elias Schrenk ist der Gedanke der Evangelisation in Deutschland eingeführt worden. Die meisten Evangelischen Landeskirchen haben ein Amt für Evangelisation und Mission eingerichtet. Durch die Tätigkeit Schrenks mußten sich um die Jahrhundertwende fast alle Kirchenleitungen und Synoden mit der Frage der Evangelisation befassen.
Volksmissionare wurden durch ihn populär.
Die biblische Gabe des Evangelisten entdeckte er wieder und schaffte ein neues Amtsverständnis dafür.
Tausenden hilft er durch seine Vortragsreihen zu einer persönlichen Glaubensverbindung. Tausenden gibt er in persönlicher Seelsorge Ratschläge zur Lebensgestaltung, viele Menschen finden Frieden mit Gott.
Den Gemeinden zeigt er die Aufgabe, Kirche für alle zu sein, er ruft zurück zum eigentlichen der Kirche.
Sein Dienst hat stets das ganze deutsche Volk im Blick.

Es soll zurückgeführt werden zu einem geistlichen Leben unter der Herrschaft Gottes. Er wünscht eine Erweckung der ganzen Kirche Deutschlands.

Schriftstellerisch ist er ebenfalls sehr rege tätig gewesen: Er verfaßt 55 Schriften. Darüber hinaus erscheinen viele Artikel in Zeitschriften und anderen Büchern.

Zur eindrucksvollsten Literatur gehören die „Seelsorgerlichen Briefe für allerlei Leute".

Seine Stellungnahmen zur Pfingstbewegung, Heilungs- sowie Heiligungsbewegung könnten auch heute wegweisend sein.

Das umfangreiche Material Elias Schrenks ist archiviert beim Gnadauer Verband, Bismarckstraße 12, 6340 Dillenburg.

Interessenten können es dort einsehen.

Texte - Materialien - Zitate - Denkanstöße

Die Zitate sind den Literaturangaben (Seite 42 und 43) entnommen.

1. Engagierter Einsatz

Persönliche Ergriffenheit

Vergessen wir nie, daß wir nicht dieses oder jenes zu bezeugen haben, sondern immer dasselbe: Jesus Christus, das Leben. K. Weber, S. 84

Es fehlt dem guten Hirten an helfenden Händen für seine große Arbeit; da liegt ein Hauptschaden. Schafscherer findet er viele, aber Knechte und Mägde, die mit Selbstverleugnung, Liebe und Erbarmen ganz auf seinen Sinn eingehen und pflegen, verbinden, weiden, zurückrufen, findet der Erzhirte viel zu wenig, und so kann er die Schafe nicht sammeln, wie er gerne möchte. K. Weber, S. 64

Stehst du selber in der Lebenserfahrung mit Christus da, so kannst du auch anderen ihre Zweifel nehmen. Die einfachste Erzählung von dem, was er an dir getan hat, wirkt mehr als Gelehrsamkeit und Vernunftbeweise. K. Weber, S. 86

Wenn wir Gottes Sache zu der unsrigen machen, so macht er unsere Sache zu der seinigen. K. Weber, S. 87

Prioritäten setzen

Der Heiland sagt: Eins ist not! Bei uns sündigen, kurzsichtigen Menschen heißt es oft: Vielerlei ist not, und vor lauter Vielerlei kommt man nicht recht zu dem Einen. Wir sehen manches vor uns, das getan werden sollte, und lassen uns schieben von den Verhältnissen; Menschen kommen und treiben uns; unsere eigenen Begierden, vielleicht unheilige Tatkraft ziehen uns in

vieles hinein. Dann steht man da; die Kräfte sind angespannt, vielleicht über Vermögen; die Zeit ist ausgefüllt oder reicht nicht einmal für das Vielerlei, man muß sich Schlaf rauben. So tut man sehr viel, vielleicht für das Reich Gottes, wie man meint.
Aber man ist so unbefriedigt und so herzleer, daß es nicht zum Aushalten ist. K. Weber, S. 88/89

Wir hätten tüchtige Kämpfer, wenn manche Leute ihre Kräfte weniger zersplitterten. Letzteres ist eine Hauptschwäche unserer Zeit. K. Weber, S. 89

Der Herr ist kein so arger Treiber, wie die Leute meinen; er jagt sie nicht so in allerlei Rennen hinein, daß sie keine Zeit mehr finden für Sammlung, für Gebet und Gottes Wort. Er nötigt sie nicht, den Leib zu ruinieren durch unsinnige Arbeit. Der Feind ist der Treiber; er will die Leute nicht zu sich selber kommen lassen. K. Weber, S. 89

Opferbereitschaft

Die Liebe vieler Frommen muß praktischer werden und die Hände sich mehr öffnen. Wir haben noch zu viele geizige Christen, in deren Christentum leider noch viel Geschwätz ist. K. Weber, S. 90

Konsequenzen

Verwirrung und Ohnmacht haben wir dadurch, daß man sich zusammenspannen läßt mit Menschen, die im offenbaren Gegensatz zum biblischen Christus stehen. Im Zusammenwirken und in der Gleichberechtigung aller Richtungen ist das Todesurteil der Kirche besiegelt. K. Weber, S. 90

Wir können nicht Gott dienen, wenn wir uns vom Geist der Welt beherrschen und in das Schlepptau nehmen lassen. – Ein Christentum, das man nicht sehen soll, zu dem man keine

Stille, keinen Sonntag, kein Gebet und keine Bibel mehr braucht, ist Heidentum. – Es ist ein Jammer, wenn uns die Welt das Christentum in Dosen vorschreiben will, damit es ihre Ordnungen nicht störe. – Aber so ist die Welt: Sie möchte moralische Nutznießungen vom Heiland in ihrem irdischen Interesse, damit das Geschäft gutginge, man viel verdiente und es bequem hätte; aber den Heiland selber will sie nicht. K. Weber, S. 91

Knechte (Mitarbeiter) dürfen sich von Volksströmungen nicht fortreißen lassen mit dem Gedanken, sie könnten dann dem fleischlichen Treiben doch noch etwas frommen Anstrich geben und „Einfluß bewahren auf das Volksleben". K. Weber, S. 91

Solange wir glänzen wollen, fehlt uns die Kraft, die unser Meister hatte, bei all seinem Dienen: Es ist die Liebe. K. Weber, S. 96

2. Gebet

Das Hören der Stimme Gottes ist jeden Morgen die Hauptsache, das erste. Nicht unser Reden soll das erste sein. – Der Feind weiß ganz gut, daß wir erst dann gefährliche Leute für ihn werden, wenn wir Jüngerohren haben, so daß Gott alle Morgen mit uns reden kann. K. Weber, S. 62

In unserem königlichen Priestertum (= Fürbitte!) liegt die Machtfrage der Kirche Christi. K. Weber, S. 61

Die Welt rechnet immer mit sichtbaren Mitteln und Kräften, weil sie weder Auge noch Verständnis hat für das Unsichtbare. Sie rechnet fleischlich und nicht geistlich. Gottes Volk rechnet mit dem lebendigen Gott, und was der Welt als Macht gilt, ist geistlich gerichtet (beurteilt) doch nur Ohnmacht. K. Weber, S. 67

Wo viel geschimpft wird, wird wenig gebetet. K. Weber, S. 67

In unserer Zeit wird viel gearbeitet, aber zu wenig, viel zu wenig gebetet. Und deshalb haben wir zu wenig Macht. Nicht von unserem Rennen und Laufen gehen Kraftwirkungen aus, sondern von der Gegenwart Jesu Christi und seinem Geist, und diese Gegenwart wird da in ihrer Segen ausströmenden Macht offenbar, wo eine betende Gemeinde ist. K. Weber, S. 61/62

Die Menschen haben heutzutage für alles mögliche Zeit, nur nicht für die Stille! O, mehr Stille, mehr Stille! Mehr Heiligtum und mehr Gotteskraft! K. Weber, S. 48

Im ersten Berner Jahr zeigte mir der Herr, daß ich für meine Evangelisationsarbeit mehr Gebetsrücken haben müsse. Da ich in der Stadt schon eingewurzelt war, sammelte ich elf Kreise von je zwei und drei Personen, die in aller Stille für mich beteten. Der Segen dieser Fürbitte wurde sichtbar und wirkte wieder zurück auf die Beter, wenn sie hören durften, was der Herr tat. K. Weber, S. 65

Ich bemerkte mit Schmerz, daß ich an einzelnen Orten keine Gebetsgemeinschaft hatte und an anderen Orten das Gebet formell und kraftlos war. An solchen Orten kann der Herr nicht viel Frucht schaffen, sie sind es nicht wert.
Ihr habt nicht, darum daß ihr nicht bittet (Jak. 4,2). Autobiographie, S. 182

Was unsere Zeit besonders bedarf, sind Nachfolger von Moses und Samuel und Daniel, die mehr vor Gott reden als vor Menschen. K. Weber, S. 62

Rechten Betern ist es ein Anliegen, nach Gottes Willen zu bitten, weil ihnen vor allem am Herzen liegt, nach Gottes Wille zu leben.
Die Leute, die nicht nach Gottes Willen leben, werden es überhaupt schwerfinden, nach Gottes Willen zu bitten, weil

ihr Eigenwille und ihre Selbstsucht in alles hineinspielen. K. Weber, S. 64

Beter nach Gottes Willen können etwas empfangen, weil sie Gottes Gaben zu seiner Ehre brauchen. Der selbstsüchtige und eigenwillige Beter sucht nie Gottes Ehre und wird nicht erhört. K. Weber, S. 64

3. Evangelisation

Ziele der Evangelisationsarbeit

Er nennt drei Ziele, die er in seinem Evangelistendienst verfolgt:
1. Stärkung der Gläubigen gegenüber den vielen Gefahren unserer Zeit.
2. Rettung von Sündern.
3. Erhaltung des lauteren Evangeliums in unserer evangelischen Kirche.

„Dabei steht mir aber doch die Rettung von Sündern obenan, sie bleibt die Hauptaufgabe des Evangelisten." K. Weber, S. 103/104

Was Evangelisation ist

Evangelisation ist im Grunde nichts anderes und will nichts anderes bezwecken, als die Entfremdeten mit der Predigt des Heils dort aufzusuchen, wo man sie finde, und wäre es in Tanzlokalen und im Theater. Klemm, S. 273

Voraussetzung zum Evangelisationsdienst

Evangelisation ist eine Schlacht in voller Waffenrüstung. Da braucht man nicht etwa Leute, die nur reden können, daß es ‚läuft', sondern solche, die gegen die Macht der Finsternis stehen können, Leute, die keinen Dreck am Stecken haben.

Denn echte Evangelisation ist immer Einbruch in Satans Reich.
J. Weber, S. 28

Vorbereitung der Evangelisation

Dazu regte Schrenk zweitägige Versammlungen zur Stärkung der Gläubigen an. Denn es kann nur mit Erfolg in weiteren Kreisen gearbeitet werden, wenn eine gläubige, betende Gemeinde die Sache wünscht und ganz dafür eintritt. Darum gilt es, zunächst den Herd zu beleben und ihn für die Arbeit zu befähigen und zu erwärmen. Klemm, S. 210

Evangelistische Gabe

Die evangelistische Gabe ist eine spezifische, die Gott verleihen muß. Daher kann man nicht Leute zu Evangelisten erziehen, sondern nur solche, die die Gabe haben, noch etwas auszurüsten suchen! Edelsteine kann man nicht machen, nur schleifen. Klemm, S. 266
Biblische Texte: Apg. 21,8; Eph. 4,11; 1. Petrus 4,11

Motivation

Man lasse sich füllen mit dem Geist der Liebe und gehe an die Arbeit (Röm. 5,5). Hauss, Erweckungspredigt, S. 84

Es geht nicht vorwärts in der Rettung von Seelen, bis wir in der Gemeinde Leute bekommen, die lieben, wie der Heiland geliebt hat. Dann wird der große Haufen merken: Da ist Jesus. Hauss, Erweckungspredigt, S. 79

Es ist nicht Redekunst, nicht Organisationsdienst, sondern Liebe Gottes in die Herzen ausgegossen durch den Heiligen Geist, welche die Welt erobert. Hauss, Erweckungspredigt, S. 79

In einer Stadt Deutschlands gibt es einen Stadtteil, worin wohl 30.000 evangelische Christen wohnen, und diese große Gemeinde hat ein Kirchlein mit 500 Sitzplätzen. Das ist alles. Welch ein Versäumnis der Christenheit. Von einer anderen

Stadtgemeinde weiß ich, daß sie 100.000 Seelen hat, und am Sonntag sind etliche dreißig Menschen in der Kirche. Das ist deutscher Jammer. Hauss, Erweckungspredigt, S. 78

Zur Verkehrtheit pharisäischer Frömmigkeit gehörte unter anderen Dingen auch das, daß sie es unter ihrem Stande hielten, mit „Zöllnern und Sündern" zu verkehren. Wenn die Frommen eines Volkes oder einer Gegend so stehen, dann geht es rasch bergab. Solche Frommen sind ganz und gar unfähig, ein Missionsvolk zu sein, weil sie geistlich hochmütig, lieblos und unbarmherzig sind. Sie haben gar keinen Einfluß auf solche, die sie Kinder dieser Welt nennen, weil letztere instinktmäßig herausfinden, daß eine Frömmigkeit ohne Barmherzigkeit und Liebe ein ganz verkehrtes Ding ist. Nichts bringt die Sache der Frömmigkeit mehr in Verruf als solch pharisäisches Wesen, und es ist nötig, uns immer wieder klarzumachen, daß verkehrte Frömmigkeit das größte Hindernis ist für das Reich Gottes. K. Weber, S. 87/88

Zur Länge der Evangelisation – 14 Tage!

Evangelisation darf ja keine Schnellbleiche, keine geistliche Treiberei sein; sie soll auch nicht nur anregen, sondern zu Christus führen. Erst braucht man mehrere Tage Zeit, bis die Leute sich gesammelt haben; dann erst beginnt die eigentliche Arbeit. Bis ein Gewissen geweckt ist und ein Mensch willig wird, sich zu bekehren, unter Umständen auch seine Sünden zu bekennen und unrecht Gut zurückzugeben und anderes zu ordnen, braucht Zeit. Meine 43tägige Arbeit in Frankfurt gehörte zu den gesegnetsten Arbeiten. Meistens begann die Seelsorge erst am Schluß der ersten Woche. Autobiographie, S. 185

4. Voraussetzungen zur Mitarbeit

Viele Christen haben keinen Frieden, keine Heilsgewißheit. Der Rückgang auf Buße und Rechtfertigung hilft allein über den toten Punkt hinweg. Klemm, S. 319

Er ging von der Unruhe und Angst des Gewissens aus. Dies alles reiche nicht zur wahren Buße, sie könne nur Verzweiflung bringen. Es müsse der Heilige Geist unser Herz und Gemüt berühren, Leid über Sünde wecken, unser Lieben, Wollen von ihr lösen und den Zug zu Jesus in uns wachrufen... Klemm, S. 296/297

Umkehr ist ein Ruck, ein einmaliger Akt. Gefühle spielen dabei keine entscheidende Rolle. Wesentlich ist der Glaube an das Wort. Vergebung bringt Frieden... Wer glaubt, ist „in Christus" und hat damit den Heiligen Geist in sich wohnend. Der Geist versiegelt die Gotteskinder. Versiegelung ist also Vergewisserung des Gnadenstandes für alle Glaubenden. Sie genügt als Arbeitsgrundlage für den Helfer in der Christlichen Gemeinde. Klemm, S. 319

5. Gemeinde

Die wahre Gemeinde Jesu soll man zu allen Zeiten an seiner Gegenwart erkennen. K. Weber, S. 112

Ein kleiner Grundstock einer Gemeinde missioniert, wenn er lebendig ist; ein großer, aber schlechter Grundstock schafft nichts und macht das Evangelium, das vorgelebt werden will, zur Karikatur. Klemm, S. 121

Wir müssen ganz (*verbindlich K. Kallnbach*) in der Gemeinde leben, sonst kommt sie zu nichts. Klemm

Allein die Buße erhält die Gemeinde. Klemm, S. 111

Unversöhnlichkeit in der Gemeinde ist das größte Hemmnis der Evangelisation. Klemm, S. 214

Zusammenarbeit in der Einheit des Geistes ist besonders fruchtbar. Klemm, S. 211

Nur dann, wenn wir lebendige, mitarbeitende Gemeinden bekommen, in denen der Heilige Geist lebt, kann man Hoffnung haben für unsere Masse, daß noch manche von ihnen gerettet werden. Hauss, Erweckungspredigt, S. 84

Brüder, vergeßt nicht, daß wir für die Welt da sind. Hauss, Erweckungspredigt, S. 78

Ohne Gemeinschaft der Heiligen kann die Gemeinde des Herrn nichts ausrichten, nicht zubereitet werden auf den Tag unseres Herrn Jesu Christi. Die Gemeinde unseres Herrn besteht nicht aus Atomen, sie ist nach dem Willen des Herrn sein Leib, ein Organismus, an dem er das Haupt ist.
Gemeinschaft ist ein Stück christlichen Lebens, in dem die Christen wachsen. K. Weber, S. 113

Stundenentwürfe

Erste Einheit:
Biographischer Erzählabend

Einstieg:
Szenenspiel (in dichterischer Freiheit erfunden ...)

Mitspieler:
Carl Mez, Elias Schrenk, Herr Müller, ein Angestellter.
(Ein Schreibtisch, dahinter arbeitend Carl Mez. Angestellter Herr Müller betritt das Büro, gibt etwas ab.)

Mez: Vielen Dank! Ach, tun Sie mir mal einen Gefallen, Herr Müller, und schicken Sie bitte Herrn Schrenk zu mir.

Müller: Wird sofort erledigt!
(Geht zu Schrenk)
Herr Schrenk, der Chef möchte Sie sprechen!

Schrenk: Ist es was Besonderes?

Müller: Ich glaube nicht.
(Schrenk macht sich auf den Weg zu Carl Mez.)

Schrenk: Guten Tag, Herr Mez!

Mez: Guten Tag, Herr Schrenk! Bitte setzen Sie sich doch.

Schrenk: Vielen Dank!

Mez: Herr Schrenk, ich hoffe, Sie haben sich gut in der Firma eingearbeitet. Jetzt sind Sie schon einige Zeit in Freiburg und hatten Gelegenheit, einen Überblick über die Firma zu gewinnen.

Schrenk: Ihre Geschäftsverbindungen gehen ja in alle Welt, so daß ich hier viel lernen kann. Ich bin froh darüber.

Mez: Das freut mich zu hören!

Schrenk: Etwas anderes fällt mir auch noch auf.

Mez: So? Und das wäre?

Schrenk: Während ich in Tuttlingen und Donaueschingen als Kaufmann gelernt und gearbeitet habe, erlebte ich einige Dinge, die mich nachdenklich stimmten. Die unmenschlichen Behausungen der Industriearbeiter, die erdrückende Armut dieser Leute. Schrecklich! Herr Mez, Sie sind ein fortschrittlicher Mann. Sie haben dafür gesorgt, daß Ihre Arbeiter eine menschenwürdige Wohnung haben. Um die Armut zu vermindern, stellen Sie Frauen ein.

Mez: Ich tue es zur Ehre Gottes. Übrigens, meine Familie und ich möchten Sie gerne für Sonntag abend zum Abendessen einladen. Anschließend ist in meinem Haus noch ein Bibelvortrag.

Schrenk: Vielen Dank!
Ich werde gerne kommen.

Erzählen der Kurzbiographie.
Wörtliche Zitate und Bibeltexte von einem anderen Mitarbeiter lesen lassen!
Gleichzeitig die ‚Zeittafel‘ mit dem Tageslichtschreiber projizieren (jeden Abschnitt aufdecken).
Dias an geeigneten Stellen einblenden.

Jeder Teilnehmer erhält Arbeitspapier und Kuli mit folgenden Fragen:

1. Was lerne ich von Elias Schrenk für meine persönliche Lebens- und Glaubensentwicklung?
2. Zu welchen Erwartungen ermutigt mich das Handeln Gottes an Elias Schrenk?
3. Welchen Erfahrungen kann ich zustimmen?
4. Welche Anregungen will ich gerne aufnehmen und ausprobieren?
5. Welche Ideen aus der reichen Lebens- und Glaubenserfahrung möchte ich gerne in meinem Jugendkreis/meiner Gemeinde verwirklichen?
6. Was kann ich dazu beitragen?
7. Mit wem will ich darüber sprechen?
8. Was würde ich am liebsten mit anderen gemeinsam planen?

Schluß: Wirkung seiner Lebensarbeit zum Schluß des Abends verlesen (S. 25).

Zweite Einheit:
Elias Schrenk und seine Erfahrungen mit dem Gebet

Einstieg:
Bezugnehmend auf die Biographie die Lebenswirkung noch einmal kurz beschreiben (max. 5 Min.).

Gesprächsphase:
Welche Sehnsüchte und Erwartungen hat die Biographie in uns erweckt? (Bezugnahme auf das Arbeitspapier der 1. Einheit) 5–10 Min.

Überleitung:
Heute abend wollen wir die Lebenswirkung Elias Schrenks auf dem Hintergrund des Gebets vertiefen.
Aufteilung in Gruppen (3–5 Personen) – jeder Teilnehmer erhält ein Thesenpapier von Texten über das Gebet von Elias Schrenk (S. 29–31).

Aufgaben:
– Sprecht über eure persönlichen Zeiten der Stille und des Gebets.
– Welche Anstöße geben die Thesen für das Gebetsleben in der Gemeinde (gemeinsames Gebet).
– Formuliert Fürbittegebete, was ihr von Gott für Jugendkreis/Gemeinde/Ort/Land erwartet.

Folgende Alternativen kann man je nach Gruppensituation praktizieren:
1. Gebetsgemeinschaft in kleinen Gruppen.
2. Mit der kleinen Gruppe Gebetsanliegen formulieren und zum Abschluß im großen Kreis vortragen.
3. Jeder formuliert ein Fürbittegebet und trägt es innerhalb einer Gebetsgemeinschaft im großen Kreis vor.

Ergänzende Anregung:
Gebete im Gottesdienst oder im Gemeinschaftskreis vortragen; zuvor über Jugendarbeit und Elias Schrenk kurz berichten.

Zusätzlicher Einstiegs-Vorschlag zum Thema Gebet für „offene Gruppe":

„Gebets-Würfel" (siehe unten) in Fünfer-Gruppen mit anregenden Impulsen zum Thema Gebet (je nach Situation den Würfel beschriften!) zum Gespräch herausfordern (5–10 Minuten). Überleitung zu den Anregungen von Elias Schrenk mit Rückblick auf den biographischen Abend mit Elias Schrenk.

Gebetswürfel (5 x 5 x 5 cm)

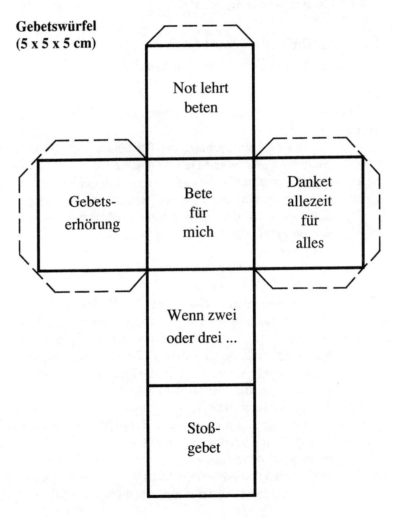

Weitere Gedankensplitter:
- Betet ohne Unterlaß!
- Ich bete für dich!
- Ich kann doch nicht jeden Tag für jeden beten! (Fürbittenliste)
- Was hindert gemeinsames Beten?
- Tischgebet
- Gebet ist doch nur Selbstgespräch!?
- Gebet ist doch nur leere Form!

Dritte Einheit (für Mitarbeiterkreise!):
Grundlagen und Leitlinien zur Mitarbeiterschaft

Einstieg:
Anspiel-Szene zum Beginn – Mitarbeiterkreis am Donnerstag abend (Ansagen):
Fritz: (kommt eilig und gehetzt zur Tür herein und läßt sich auf einen Stuhl fallen) Hallo! (stöhnend!)
Martin: Hallo! – freut mich, daß du kommst, bist der erste ...
Fritz: Ach, war das wieder mal eine Hektik. Morgen schreiben wir eine Klausur – nachmittags hab' ich dann noch die Jungschar zu halten ... hoffentlich fällt mir noch was Gutes ein ...
Martin: (guckt auf die Uhr, wird ungeduldig) Ja, die anderen dürften jetzt langsam kommen!
Silke: (kommt seelenruhig rein) Hallo – ich wußte ja, daß ich nicht die letzte bin. Wenn die anderen auch keine Lust mitbringen ... Der Ruderverein fordert mich auch immer mehr, und der Volleyball-Club ... heute Jugend-Mitarbeiterkreis, Sonntag Kinder-Gottesdienst. Schließlich kann ich alles nur noch halb machen.
Fritz: Tja, ja, wir sind eben viel zu wenige ...
Martin: Na dann habe ich heute abend ja das richtige Thema vorbereitet: Wir wollen heute abend fragen, was uns der alte Schrenk zu sagen hat – könnt ihr euch noch entsinnen an die Biographie vom letzten Montag? (Kurze Wiederholung und Bedeutung der Person erzählen: ca. 5 Min.)

Gesprächsrunde:
Über Freuden und Leiden, Chancen und Begrenzungen der Mitarbeiterschaft (Brainstorming) ca. 10 Minuten
Zitate und Texte (1 und 4) verteilen, jeder Mitarbeiter erhält ein Arbeitspapier – Zeit geben zum Durchlesen!

Frage:
Welche Ansätze für eine Lösung finden wir für unsere Probleme?
Praktische Konsequenzen auf Plakat notieren.
Evtl. vereinbaren, daß man sich über persönliche Konsequenzen in zwei Monaten noch einmal austauscht!

Schluß:
Gebetsgemeinschaft

Vierte Einheit (für Mitarbeiter):
Jugend-Evangelisation – Gabe und Aufgabe für unseren Kreis!?

Herausforderung: Matth. 28, 18–20, Eph. 4,11

1. Folgende Hauptbegriffe biblisch mit Wortexegese (an verschiedene Mitarbeiter verteilen) klären: Zeuge, Apostel, Evangelist, evangelisieren, verkündigen, predigen (ca. 15 Min.)

2. Zitate von Schrenk (zur Evangelisation) jedem Mitarbeiter aushändigen, lesen lassen und diskutieren.

3. Modelle missionarischer Jugendarbeit heute vorstellen (Kassetten und Material anfordern bei der Arbeitsgemeinschaft Jugendevangelisation, Postf. 150219 (Kilian), 4300 Essen 15, Telefon: (0201) 484148 oder Missionarische Arbeit des Deutschen EC-Verbandes, Frankfurter Str. 180, 3500 Kassel, Telefon: (0561) 42055.

4. Was verwirklichen wir jetzt schon – was wollen wir im Glauben neu wagen?

Literaturhinweise

Hermann Klemm,
Elias Schrenk, Der Weg eines Evangelisten,
Brockhaus-Verlag, Wuppertal, 1986

Ein Leben im Kampf um Gott,
Selbstbiographie des großen Evangelisten,
Brockhaus-Verlag, Wuppertal, 1962

Elias Schrenk,
Seelsorgerliche Briefe, ausgewählt und herausgegeben
von Arno Pagel,
Verlag und Schriftenmission der Evangelischen Gesellschaft,
Wuppertal, 1981

Friedrich Hauss,
Väter der Christenheit,
Brockhaus-Verlag, Wuppertal, 1968

Friedrich Hauss,
Die uns das Wort gesagt haben,
Hänssler-Verlag, Neuhausen-Stuttgart, 1978

Friedrich Hauss,
Erweckungspredigt,
Liebenzeller Studienhefte 6, Bad Liebenzell, 1967

Johannes Weber,
Elias Schrenk, Der Bahnbrecher der Evangelisation,
Brunnen-Verlag

Karl Weber,
Elias Schrenk und seine Botschaft,
Brunnquell-Verlag, Metzingen, 1960

Gerhard Ruhbach,
Elias Schrenk, Bahnbrecher der Evangelisation in Deutschland,
Gnadauer Materialdienst, Heft 16, Gnadauer Verlag,
Dillenburg, 1981

Adolf Köberle,
Elias Schrenk, Ein Evangelist von Gottes Gnaden,
Theologische Beiträge,
Brockhaus-Verlag, 1.82, 13. Jahrgang

Johann Christoph Blumhardt

Feature

Möttlingen (Landkreis Calw/Baden-Württemberg), im Januar 1844 – Pfarrer Blumhardt wird ein Besucher gemeldet. Er lädt ihn ein in sein Studierzimmer und bietet ihm einen Platz an. „Nein, Herr Pfarrer", lautet die Antwort, „aufs Sünderbänklein gehöre ich."

Mit dieser Begegnung zwischen Blumhardt und diesem Mann, der nicht sehr angesehen war im Dorf, ist der Beginn einer Bewegung gegeben, die bald alle Einwohner Möttlingens und der ganzen Umgebung erfaßt.

Wer war dieser Mann, bei dessen Verkündigung die Menschen merkten, daß ihr Leben mit Gott nicht in Ordnung war, zu dem die Menschen kamen, um ihre Sünden zu bekennen, und durch den eine große Erweckung geschah?

Der Weg ins Pfarramt

Johann Christoph Blumhardt wurde am 16. 7. 1805 in Stuttgart geboren. Sein Vater war Mehlhändler und verdiente sein Brot später als Holzmesser. Die ganze Familie war sehr fromm. Sie stand in der reichen Glaubenstradition Württembergs. Das wichtigste Erziehungsanliegen der Eltern bestand darin, ihren sechs Kindern Bibel, Glaube und Gebet nahezubringen. Unvergeßlich blieb es für Johann Christoph, was der Vater eines Abends seinen Kindern sagte: „Kinder, lasset euch lieber den Kopf abschlagen, als daß ihr Jesum verleugnet."

Obwohl die Familie sehr arm war, ermöglichte sie es ihrem Sohn Johann Christoph, Theologie zu studieren.

So kam er nach der Gymnasiumszeit mit 15 Jahren ins Seminar des Klosters Schöntal, um sich auf das Theologiestudium vorzubereiten.

Weil er als Siebzehnjähriger seinen Vater verlor, mußte er nebenbei Mutter und Geschwister unterstützen. In Schöntal studierte er zusammen mit Wilhelm Hoffmann, dem Sohn des Gründers und Vorstehers der christlichen Kolonie in Korntal.

Vielleicht wurde er schon durch diese Verbindung stark beeinflußt von dem Gedanken, der so wichtig für sein ganzes Leben wurde: Das Warten auf den Anbruch des Reiches Gottes.
Seit dem Herbst 1824 besuchte Blumhardt das Theologische Stift in Tübingen. Hier beschäftigte er sich neben der Theologie auch mit Medizin, Weltgeschichte, Physik u. a. nach dem Motto: „Überall ist meine Weide."
Neben gründlicher theologischer Ausbildung (besonders in Dogmatik und Reformationsgeschichte) wurde ihm der christliche Studentenverein, zu dessen „Stund" er ging, zum bleibenden Segen.
Nach seinem Examen wurde Blumhardt Vikar in Dürrmenz. Dort erwarb er sich das Vertrauen und die Zuneigung der Menschen, weil er sich mit großer Geduld ihre Sorgen und Nöte anhörte und immer Zeit für sie hatte. Aber schon 1830 wurde er von seinem Onkel, der Inspektor der Baseler Mission war, ins dortige Missionsinstitut als Lehrer berufen. Neben dieser Tätigkeit unternahm Blumhardt es auch, in den Schweizer Bergen für das Reich Gottes erfolgreich zu wirken.
In seiner Schülerin Doris Köllner lernte er seine spätere Frau kennen. Ihr Vater übernahm die Erziehung von Judenkindern in einem eigens dafür gekauften Bauerngut, weil er fest damit rechnete, daß nach der Bekehrung der Juden zu Christus der Herr wiederkomme. Auf dieses Ereignis wollte er zuarbeiten.
Im Jahr 1837 wurde Blumhardt von seiner Kirchenbehörde ins schwäbische Iptingen als Vikar berufen. Der dort amtierende Pfarrer kam mit der Gemeinde nicht zurecht und war deshalb total verbittert. Die Gemeinde aber war sehr verwahrlost. Eine Gruppe von Separatisten, die alleine das Betreten des Kirchenraumes für eine Sünde hielten, hatte in Iptingen ihren Hauptsitz. Sehr bald gewann Blumhardt aber das Vertrauen der Menschen, besonders aber auch der Separatistengruppe. Die Leute besuchten wieder fleißig die Gottesdienste und auch andere Stunden, die Blumhardt hielt. Selbst aus der nahen und weiten Umgebung kamen die Leute nach Iptingen, um Blumhardt zu hören. An seine Braut schrieb er einmal: „So denke ich, auch in Beziehung

auf mein künftiges Amt, Seelen in den Himmel zu helfen. Wenn nun einer ein Pfarrer ist und keiner Seele in den Himmel hilft, aus eigener Schuld, wissentlich oder unwissentlich, was ist's dann um all sein irdisches und häusliches Glück, das er genießen möchte."
So schrieb er dann auch im letzten Brief (Juli1838) aus Iptingen an seine Braut: „Unbeschreiblich groß wird mir bisweilen der Gedanke, daß mir bereits ein Häuflein geschenkt ist, mit dem ich werde einst vor den Heiland treten dürfen." Es ist der letzte Brief an sie, da er eine eigene Pfarrstelle bekommen sollte und deshalb auch heiraten konnte. Er übernahm die Nachfolge seines alten Freundes Dr. Barth in Möttlingen. Am 31. Juli 1838 wurde er beim Einzug in Möttlingen von seiner Gemeinde herzlich begrüßt.

Möttlingen –
Zeichen des kommenden Reiches Gottes

Ähnlich wie in Iptingen versuchte Blumhardt durch Besuche und Gespräche in ein gutes Verhältnis zu seiner Möttlinger und Unterhaugstetter (Filiale) Gemeinde zu kommen.
Durch viele Jahre hindurch waren in Möttlingen Pfarrer, die das Evangelium klar verkündigten. Besonders Blumhardts Vorgänger, Dr. Christian Barth, hatte eine ausgezeichnete Redegabe. Aber trotzdem mußte er sich beklagen: „Mit jedem Jahr reißt sichtbarer Leichtsinn und Gleichgültigkeit mehr ein, und das Predigen will nicht mehr einschlagen. Oft will mir der Mut sinken und der Gedanke aufsteigen, an einem anderen Ort könnte ich mehr wirken, und für die zu Tode gepredigten Möttlinger wäre es besser, wenn sie noch einmal eine Zeitlang am geistlichen Hungertuch nagen müßten."
So hatte Blumhardt, ähnlich wie in Iptingen, mit einer schwierigen Situation zu kämpfen. An der lauen Haltung seiner Gemeindeglieder änderte sich zunächst nichts. Blumhardts Biograph Zündel schreibt: „Die treue Arbeit und verheißungsvolle Segenssaat seines Vorgängers war zunächst wie von einer widrigen,

undurchdringlichen Kruste bedeckt und brach erst später in ihrer vollen Schönheit hervor, als diese Kruste nicht ohne viel wunderbare Hilfe Gottes verschwunden war."

Das Reich Gottes gegen das Reich der Finsternis

Diesen Kampf zwischen Finsternis und Licht beschrieb Blumhardt in seinem Bericht „Die Krankheits- und Heilungsgeschichte der Gottliebin Dittus in Möttlingen", den er an die Oberkirchenbehörde richtete. Er wollte diese Mitteilungen mehr als Privatmitteilungen betrachtet wissen, „als lege ein vertrauter Freund seine Geheimnisse in den Schoß seiner Freunde nieder". In diesem Bericht schrieb er seine Erfahrungen ohne Kürzung und Manipulation auf, auch auf die Gefahr hin, Anstoß zu erregen. Ohne Schuld der Kirchenbehörde wurde der Bericht veröffentlicht, so daß wir ihn heute noch besitzen.

In Möttlingen lebte eine junge Frau, Gottliebin Dittus, die aus einer armen Familie stammte. Schon in früher Jugend hatte sie schwere Krankheiten erleiden müssen; vom neuen Pfarrer Blumhardt fühlte sie sich einerseits so angezogen, daß sie in keiner seiner Stunden fehlte, andererseits machte sie auf Blumhardt und auch auf andere Menschen einen unsympathischen Eindruck.

Nachdem Gottliebin mit ihren Geschwistern im Frühjahr 1840 in ein anders Haus gezogen war, kam es zu sonderbaren Erscheinungen. In ihrem Zimmer polterte es, und sie sah Gestalten und Lichtchen. Aber erst nach Verlauf eines Jahres, in dem sie immer wieder solche Erfahrungen machte, ging sie zu Blumhardt, um ihm – zunächst nur andeutungsweise – davon zu berichten. Nach einer schweren Krankheit verschlimmerten sich die Erscheinungen jedoch weiter. Zum Beispiel erschien ihr eine Frau, die zwei Jahre vorher gestorben war. Auch das Gepolter in Gottliebins Zimmer wurde immer lauter und unerträglicher. Deshalb holte sich Blumhardt eine vertrauenswürdige Person, die in einer Nacht die Vorgänge mithören und sehen sollte. Außerdem ließ er die Kranke in eine andere Wohnung umziehen und traf sich mit einigen Leuten zur regelmäßigen Fürbitte für Gottliebin. Für längere Zeit trat Ruhe ein.

Als aber dann wieder Zuckungen und Ohnmachtsanfälle bei ihr auftraten, begriff Blumhardt es als eine Herausforderung, als Gottliebins Arzt, Dr. Späth, sagte: „Man sollte meinen, es sei gar kein Seelsorger am Ort; daß man die Kranke so liegen läßt, das ist nichts Natürliches!"

Nach einem Anfall, bei dem sich der Körper der Kranken krümmte und Schaum vor den Mund trat, wurde Blumhardt innerlich dazu gedrängt, ihr die starren Finger zu falten und ihr ins Ohr zu rufen: „Lege deine Hände zusammen und bete: ‚Herr Jesus! Hilf mir!' Wir haben lange genug gesehen, was der Teufel tut; nun wollen wir auch sehen, was Jesus vermag."

Für Blumhardt war nun der Kampf, den er mit der Krankheit Gottliebins zu durchfechten hatte, zu einem Beispiel des Kampfes zwischen dem Reich Gottes und dem Reich der Finsternis geworden.

Immer wieder ließen sich fremde Stimmen aus Gottliebin hören. Durch Gebete und Bedrohungen konnten die Besitzungen dann zu Ende gebracht werden. Wenn sie im Delirium war, versuchte sich die Kranke manchmal auch selbst umzubringen. Einmal hatte sie sich auf dem Dachboden eine Schlinge geknüpft, um sich aufzuhängen. Sie kam jedoch rechtzeitig wieder zur Besinnung und war furchtbar erschrocken über das, was sie sah. Sie rief aus: „Solch einen Knoten hätte ich bei Bewußtsein nie hinbekommen."

Als sich Blumhardt im Verlauf der schweren Zeit nicht mehr zu helfen wußte, stand er in Gefahr, sich irgendwelcher magischer Mittel zu bedienen (den Namen Jesu über die Wohnungstür der Kranken zu schreiben o. ä.), um der Sache ein Ende zu machen. Ein Bibelwort, das ihm in dieser Zeit auffiel, hinderte ihn aber, solch eine Maßnahme zu ergreifen: „Seid ihr denn so unverständig? Im Geist habt ihr angefangen, wollt ihr's denn nun im Fleisch vollenden?" Mit der neuen Gewißheit, daß nur Gottes Wort und Gebet Hilfe bringen würde, sprach er zu der Kranken: „Wir beten, sei's, was es wolle. Wir probieren's, wir verspielen

wenigstens nichts mit dem Gebet, und Gebetserhörung weist uns die Schrift fast auf jeder Seite; der Herr wird tun, was er verheißt!"
Wiederholt ließen sich Stimmen aus Gottliebin hören, die klagten: „Niemand in der Welt hätte uns vertreiben können; nur du mit deinem ewigen Beten und Anhalten setzest es durch!"
Bemerkenswert war die Erfahrung, als sich Gottliebin Dittus einmal im Delirium in Westindien wähnte, wo sie ein furchtbares Erdbeben miterlebte. Wochen später erfuhr Blumhardt dann aus einem Missionsblatt aus Westindien, das genau am 8. Februar 1843, am Tag des Erlebnisses der Gottliebin, dort ein großes Erdbeben war.
Die Endphase des Kampfes brachte die schlimmsten Erfahrungen: Aus Gottliebins Körper kamen an den verschiedensten Stellen Gegenstände wie Stecknadeln, abgebrochene Stricknadeln, Nägel usw. zum Vorschein. Oft mußten sie ganz mühsam hervorgezogen werden. Unmöglich hätte die Kranke diese dorthin praktizieren können. Besonders seltsam war es, daß diese hervorbrechenden Gegenstände keine Wunden hinterließen.
Weihnachten 1843 brachte das langersehnte Ende des Kampfes. Nach besonders heftigen Erscheinungen und Stimmen, die nun nicht allein Gottliebin erfaßten, sondern auch ihre beiden anwesenden Geschwister, drangen Schreie der Verzweiflung aus der Kehle der Schwester, die diese in solcher Intensität überhaupt nicht von sich aus hätte ausstoßen können. Viele Menschen aus Möttlingen hörten es, als der Schrei erklang: „In den Abgrund! In den Abgrund!" Bei vielen, die das gehört hatten, hinterließ das Erlebnis einen unauslöschlichen Eindruck.
Danach war der Kampf zwischen dem Reich der Finsternis und dem Reich Gottes im Leben der Gottliebin Dittus ausgefochten. Für Blumhardt war dieses furchtbare Erleben nur ein Beispiel für das, was für die ganze Welt gilt. Er schrieb einmal: „So stellen schon an und für sich die Besessenen den Kampf des Lichtes mit der Finsternis vor, den die ganze Schöpfung noch zu bestehen hat, und zwar so, daß der endliche Sieg des Lichtes schon an dem Anblick der Besessenen erkennbar ist, so wenig es

den Anschein hat, ... zuletzt wird gewiß wieder eine Zeit kommen, da es (das Bitten zum Herrn; der Autor) durchschlagen wird zur Hilfe. Und das zu hoffen, berechtigen uns die Wunder Jesu selbst an allen Besessenen!"
Gottliebin und ihre Geschwister waren seit dieser Zeit völlig gesund. Alle drei zogen in das Haus Blumhardts, und die ganze Familie hatte an ihnen unentbehrliche Mitarbeiter – auch später in Bad Boll.

Erweckung als Zeichen des sieghaften Reiches Gottes

Mit diesem durch das gläubige Standhalten Blumhardts gewonnenen Sieg brach die oben erwähnte Kruste, die sich in bezug auf geistliche Dinge über die Menschen gelegt hatte. Es kam zu Zeichen des Durchbruchs des Reiches Gottes, wie wir sie hauptsächlich aus den Beschreibungen der Apostelgeschichte über die Urgemeinde kennen.
Mit dem eingangs erwähnten Mann, der sich plötzlich seiner Schuld bewußt wurde, fing es an. Im Laufe der nächsten Monate kamen dann immer mehr Menschen zu Blumhardt, um die Befreiung von ihrer Schuld zugesprochen zu bekommen. Blumhardt beschrieb diese Zeit: „Ich bekam den ersten Eindruck von den vielen schweren Sünden, die unter unserem Volk im Schwange sind." Die Befreiung der Schuld erfuhren die Menschen als große Hilfe, indem Blumhardt ihnen unter Handauflegung die Vergebung, die Jesus schenkt, zusprach.
Wenn wir vorher von einem ersten Wendepunkt im Leben Blumhardts hörten, als er den Kampf zwischen Licht und Finsternis erkannte, in den er durch die Vorgänge mit der Gottliebin hineingestellt worden war, so sehen wir ihn hier an einem zweiten Wendepunkt: Er erkannte das Wirken des Reiches Gottes, die offene Tür (vgl. Offenbarung 3, 7.8) und daß der Herr ihn dazu gebrauchen wollte, besondere Zeichen des kommenden Reiches Gottes zu setzen. Die Bußbewegung, die bei wenigen in Möttlingen begann, griff auf die ganze Umgebung über. Es

wurden Gebetskreise gegründet. Man traf sich abends zu gemeinsamem Bibellesen. In den Gottesdiensten wurde nicht mehr geschlafen. Die Leute baten Blumhardt sogar um noch mehr Gottesdienste. Während der Gottesdienste standen die Leute haufenweise vor der Kirche. Am Samstagabend wurde eine Bibelstunde gehalten. Die Mitte des gottesdienstlichen Lebens war der Hauptgottesdienst am Sonntagmorgen. Und nachmittags war noch einmal ein Gottesdienst, zu dem die Leute in die Kirche durften, die morgens draußen stehen mußten.

Ein besonderes Zeichen des sieghaften Reiches Gottes wurde bei Blumhardt noch sichtbar. Einmal legte er einem Mann, der von starkem Rheumatismus geplagt war, betend die Hände auf. Von dieser Zeit an wurde es mit dessen Krankheit besser. Schließlich waren die Beschwerden ganz weg und kamen auch nie wieder. Ähnliche Erlebnisse ermutigten Blumhardt, für die Gesundheit der Leute zu beten, die zu ihm kamen. Vorher hatten die Leute, die oft weit weg von den Ärzten wohnten, die Hilfe bei allerlei okkulten Praktiken gesucht. Welche Folgen das haben konnte, hatte er in seinem Kampf erlebt. So sagte er: „So viel euch der Teufel geleistet hat, so viel wird der Heiland auch tun. Laßt's euch ans Gewissen kommen, prüft euch, ob's nicht etwa für irgend etwas eine Strafe sei, und betet, und ich will, wenn ihr's mir mitteilet, mit und für euch beten."

Daraufhin erlebte er bei vielen Menschen, die mit ihrer Not zu ihm kamen, daß sie gesund wurden. Auf diese Vorgänge wurden die Oberkirchenbehörde und auch Mediziner von Tübingen aufmerksam. Sie schickten Beobachter nach Möttlingen, wohin jetzt jeden Sonntag und auch wochentags viele Menschen kamen, um sich helfen zu lassen.

Schließlich verbot ihm seine Kirchenbehörde, daß die Leute zu ihm ins Studierzimmer kommen durften, um sich dort die Hände auflegen zu lassen. Aber die Heilungen waren nicht gebunden auf das betende Händeauflegen, sondern auch Leute, die seine Predigten hörten, wurden gesund. Die Gabe der Heilung war ein wirkliches Geschenk Gottes, das auch Menschen nicht eindämmen konnten.

Als die Arbeit immer schwieriger wurde, begann sich Blumhardt nach einem Platz umzusehen, an dem er den Leuten ungestört helfen konnte. Eine andere Schwierigkeit, die sich ergab, war, daß das Pfarrhaus zu klein war, um die vielen Gäste und Hilfesuchenden unterzubringen.

Bad Boll – Herd der Hoffnung auf das kommende Reich Gottes

Nach längerem Suchen fand sich ein altes Schwefelbad, das im Besitz der württembergischen Regierung war und verkauft werden sollte. Mit Hilfe von begüterten Freunden konnte Blumhardt dieses schloßähnliche Gebäude erwerben. Hier bestand die Möglichkeit, sich verstärkt um die Leute zu kümmern, die mit Nöten an Leib und Seele zu ihm kamen. Seine Familie und die mit ihnen nach Bad Boll gezogenen Geschwister Dittus waren ihm in seiner Aufgabe eine große Hilfe.
Er wollte aus Bad Boll ein Zentrum machen, von dem die Hoffnung auf das bald anbrechende Reich Gottes, die ihn so erfüllte, hinausgehen sollte.
Viele Leute kamen nach Bad Boll, um dort Hilfe zu empfangen. Andere schickten nur ein Telegramm, um die Fürbitte Blumhardts in ihrer Not zu erbitten. Viele durften erleben, wie Gott seinen Diener auch auf diesem Wege zum Segen einsetzte.
Blumhardt und die Bewohner von Bad Boll nahmen es sehr ernst mit ihrer Ausrichtung auf das Reich Gottes. Als einmal unter den Angestellten grobes Unrecht auftrat, mahnte er ganz dringlich: „Wir müssen Buße tun!" Er wollte mit nichts dem Wirken Gottes im Wege stehen.
Das Kommen des Reiches Gottes war und blieb das Zentrum der Botschaft Blumhardts, auch bei den vielen Konferenzen, zu denen er als Festredner eingeladen wurde. Er selbst wollte vorbereitet sein und auch, daß alle Menschen darauf vorbereitet waren. Diese Hoffnung wurde immer wieder gestärkt durch den Sieg des Reiches Gottes über die Finsternis, den er selbst miterleben konnte.

Deshalb war auch sein letztes Gebet, bevor er am 25. Februar 1880 starb: „Dein Reich komme! Der Herr wird seine Sache herrlich hinausführen!"

Mit den Worten: „Ich segne dich zum Siegen" verabschiedete er sich von seinem Sohn Christoph, der die Aufgabe des Vaters in Bad Boll übernehmen sollte.

Reflexionen

• Die Frage nach einer Wirklichkeit, die jenseits unserer Sinneswahrnehmung liegt, ist aktuell. Auf der einen Seite steht der radikale Materialismus, der alle ungewöhnlichen Phänomene innerweltlich erklären will. Auf der anderen Seite besteht ein wachsendes Interesse an parapsychologischen Erscheinungen und Erfahrungen.

• Das, was zu der Frage nach okkulten Phänomenen führt, gilt gleichzeitig auch für die Erfahrungen der Krankenheilung. Waren die Erlebnisse Blumhardts Ausnahmen? Unausweichlich wird die Frage nach der Geistesgabe der Krankenheilung und der Heilung durch das Gebet der Ältesten (Jakobus 5) aufgeworfen.

• Sind Buße und Beichte nur mittelalterliche geistliche Übungen? Anhand des Lebensbildes von Blumhardt kann man gut versuchen, die Folgen von Buße und Beichte – oder auch das Unterlassen dessen – persönlich und für die ganze Gemeinde herauszuarbeiten.

• Der Begriff „Reich Gottes" nimmt in der Arbeit Blumhardts eine entscheidende Stellung ein.
Er verbindet sein Erleben während der Krankheit der Gottliebin Dittus mit dem Zurückgehen des Geistes Gottes in der Kirche und mit der Hoffnung auf ein neues Wirken des Geistes Gottes zur Vollendung des Reiches Gottes hin:

– Zur Verbindung von Besessenheit und Kampf zwischen dem Reich der Finsternis und dem Reich Gottes: s. S. 49 ff.

– Zum Zurückgehen des Geistes Gottes:

„ ... das größte Wunder: Die besondere Gabe des Heiligen Geistes – mit welcher nach der Schrift ein Persönliches aus Gott gegeben war – erscheint schon bald nach dem Beginn des zweiten Jahrhunderts als gewichen. Sie ist von dieser Zeit an in nichts mehr so erkennbar gewesen wie zu der Apostel Zeiten – wie

auch ihrer nicht mehr in der Art gedacht wird bis auf uns herab ... Daß übrigens der Geist Gottes an und für sich doch noch einen Einfluß behielt, so gut es ging, kann man an vielem sehen, namentlich auch an dem ... wunderbaren Gebäude der Glaubenslehre, wie es sich bis zur Reformation und durch diese vollends ausgebildet hatte ... Das Gebäude hat offenbar der Herr auf Hoffnung eines endlich Durchschlagenden werden lassen. Aber schon der starre Formalismus, der mit dem Glaubensgebäude in die Herzen aller kam, ist ein Beweis, daß der lebendige, oder wie Ihn der Herr verheißt, persönliche Heilige Geist sich nicht als vorhanden zeigte ... Vergessen wir also nicht, daß alle Verheißungen der Schrift, die auf Wunder zielen, nur unter der Voraussetzung des Vorhandenseins des Heiligen Geistes gegeben sind ... Bedeutungslos sind freilich dergleichen Verheißungen auch für uns nicht, sofern sie uns ermutigen, wenigstens durch Bitten viel vom Herrn zu erlangen – obwohl es da stets dem freien Erbarmen Gottes überlassen werden muß, ob und wie Er erhören wolle ...
Wie kam's, daß der Heilige Geist, der Träger der Wunder, vom Herrn wieder hinweggenommen worden ist? ..."

Blumhardt nennt u. a. folgende Gründe:

1. Kein „Wandel im Geist" bei den Christen
2. Kein Reinhalten vom Götzendienst bei den Christen
3. Keine genügende Geisterunterscheidung
4. Ohnmacht und Resignation, die nicht um das Wiederkehren der Geistesfülle beten ließ

– Zur Hoffnung auf ein neues Wirken des Geistes zur Aufrichtung des Reiches Gottes:

„Wir wissen doch, daß wir uns auch auf das Sterben bereithalten müssen, und ebenso ist das Sein-Licht-leuchten-lassen allgemeine Christenpflicht. Beides kann also möglicherweise vorhanden sein – ohne daß wir wirklich auf die Zukunft Christi warten ... Wir müssen vor allem wirklich an Sein Wiederkommen glauben, müssen es als ein Wichtiges und für die Vollendung Seines

Reiches Nötiges in unser Herz aufnehmen ... Ach ja, lieber Christ, mach's immerhin so, daß du einmal selig stirbst! Aber der Herr will ein Weiteres: Er will nicht nur meine und deine Erlösung, Er will aller Welt Erlösung, will dem Übel überhaupt, das in der Welt herrscht, den Garaus machen ... Soll denn nicht einmal die ganze Wirtschaft, wie's die Menschen untereinander haben, aufhören müssen? Jeder, der noch einen Funken Menschenliebe hat oder eine Empfindung für das hat, was Christus geopfert hat ...: Sollte der es nicht viel mehr mit Begierde wünschen, daß dieser große Heiland und Erretter Sein Werk zur Vollendung bringe? ... Aber das ist es eben: Seine ganze christliche Art wird eine andere, je nachdem er sich mit der angezeigten Hoffnung trägt oder nicht trägt."

Materialien/Zitate

• Buße und Glauben an Christum, den Gekreuzigten, war die Angel, um die sich alles bewegen mußte.

• Von nun an lief ich im gleichen Schritt mit meiner Gemeinde. Was alles in mir aufgedeckt wurde, trug ich vor – und das wirkte so, daß bald wieder eine neue Bewegung zu Buße und Demütigung aufkam.

• Zündel: Es kennzeichnet dies den göttlichen Schutz und Segen, unter dem er (Blumhardt) stand, daß ihm seine großen Erfahrungen nicht das Gefühl des Reichtums erweckten, sondern das der Armut.

• Der Wagen soll aufwärts fahren, und wenn er durch Glauben und Bitten nicht aufwärts gebracht wird, so bleibt er nicht nur stehen, sondern geht nach und nach rückwärts, und dann geht's dem Abgrund zu.

• Der Anfang meiner Geschichte ist nicht eigentlich die Heilungsgeschichte; denn diese gehört in die Stille. Sondern er ist die Bekehrung meiner Gemeinde. Da wurden Leute durch Buße und Glauben hindurchgeführt, noch ehe ich daran dachte, irgendwie Heilkräfte zu haben.

• Mir war mit dieser Bußbewegung – man verzeihe mir dieses Geständnis – ein Vorgeschmack gegeben von einer zu hoffenden Zeit, da der Odem des Herrn rascher, als man vermuten mag, die ‚verdorrten Gebeine' beleben dürfte.

• Daß Blumhardt kein unnüchterner Mann war, können folgende Aussagen bestätigen:
– Wir durchsuchten miteinander die ganze Heilige Schrift und bestärkten und ermahnten einander, ja nicht weiter uns gehen zu lassen, als die Schrift uns führe; daß wir Wunder tun wollten, kam uns nicht entfernt in den Sinn.
Das sagte er zu Beginn des Kampfes um Gottliebin Dittus.
– So wurde ich ohne mein Suchen und Wollen in eine Geschichte hineingeflochten, die in der Folge die merkwürdigsten, aber auch grauenhaftesten Entwicklungen hatte. Es wurde mir die Wirklichkeit des Gebiets, das ich bisher mehr oder weniger in die Fabelwelt gesetzt hatte, schauerlich gewiß, nämlich des Gebietes der Zauberei.

• Am Ende der Kampfzeit um Gottliebin dichtete Blumhardt dieses bekannte Lied:

Daß Jesus siegt, bleibt ewig ausgemacht, sein wird die ganze Welt. Denn alles ist nach seines Todes Nacht in seine Hand gestellt. Nachdem am Kreuz er ausgerungen, hat er zum Thron sich aufgeschwungen. Ja, Jesus siegt!

Ja, Jesus siegt! Sei's, daß die Finsternis im Trotzen wütend schnaubt, sei's, daß sie wähnt, mit ihrem gift'gen Biß hätt sie ihm viel geraubt: Die Seinen läßt in Not und Grämen sich unser Held doch niemals nehmen. Ja, Jesus siegt!

Ja, Jesus siegt, obschon das Volk des Herrn noch hart darniederliegt. Wenn Satans Pfeil ihm auch von nah und fern mit List entgegenfliegt, löscht Jesu Arm die Feuerbrände; das Feld behält der Herr am Ende. Ja, Jesus siegt!

Ja, Jesus siegt! Seufzt eine große Schar noch unter Satans Joch, die sehnend harrt auf das Erlösungsjahr, das zögert immer noch; so wird zuletzt aus allen Ketten der Herr die Kreatur erretten. Ja, Jesus siegt!

Ja, Jesus siegt! Wir glauben es gewiß, und glaubend kämpfen wir. Wie du uns führst durch alle Finsternis, wir folgen, Jesus, dir. Denn alles muß vor dir sich beugen, bis auch der letzte Feind wird schweigen. Ja, Jesus siegt!

Stundenentwürfe

Die Themen, die durch die Beschäftigung mit Blumhardt angeregt werden, sind eher für ältere Jugendliche und junge Erwachsene, die Christen sind, geeignet.

Thema I:
Johann Christoph Blumhardt –
Botschafter des Reiches Gottes

Ziel:
Die Teilnehmer sollen Blumhardt kennenlernen. Dabei soll „sein besonderes" Thema – das Reich Gottes – ein wenig näher unter die Lupe genommen werden.

Hinweis:
Die Thematik des Reiches Gottes in Verbindung mit einer Lebensbeschreibung zu gestalten, kostet sorgfältige Vorbereitung und disziplinierte Durchführung beim Leiter.
Diese Art hat aber den Vorteil, daß das Thema nicht nur in der Theorie steckenbleibt, sondern in seinen Konsequenzen an einer zeitlich relativ nahen Person angeschaut werden kann.

Dauer:
ca. 1 1/2 Stunden

Material:
Schreibzeug, zumindest für jede Gruppe

Ablauf

Einleitung:
Die Vorstellungen der Teilnehmer zu dem Stichwort „Reich Gottes" sollen sondiert werden: In Kleingruppen werden jeweils kurze Definitionen vom „Reich Gottes" schriftlich formuliert (5 Min.).

Textlesung:
Luk. 7, 18–23; dazu wird gefragt: Welche Kennzeichen des Reiches Gottes finden wir in diesem Text? Der Leiter sollte darauf achten, daß die Antwort wirklich umfassend gestaltet wird: Ziel des kommenden Reiches Gottes ist die ganzheitliche Gesundung des Menschen: Verkündigung (Evangelisation) **und** Heilung!
Blumhardt ist ein modernes Beispiel, wie sich die Wirksamkeit des Reiches Gottes ähnlich ganzheitlich auswirkt.

Vorstellen des Lebensbildes (30 Min.)

Variante 1: Drei Erzähler

1. Erzählen der Vorgeschichte (bis zur Krankheitsgeschichte der Gottliebin Dittus)
2. Krankengeschichte
3. Erweckung in Möttlingen; Bad Boll

Variante 2: Form eines Sketches

Anläßlich eines Jubiläums kommt ein Reporter nach Bad Boll. Er will Blumhardt interviewen:

R: Schönes Anwesen hier – haben Sie das geerbt? Ich finde es eine gute Idee, auch andere an dem Genuß der schwefelhaltigen Heilquelle teilhaben zu lassen. Na ja – es bringt ja schließlich auch etwas ein, oder?

B: Nein, nein, mein Lieber, da liegen Sie völlig falsch. Lassen Sie mich einmal erzählen, wie das alles geworden ist: Ich stamme aus einer sehr armen Familie ...

Wenn der Sketch gut vorbereitet ist, werden sich die Darsteller Fragen und Einwürfe des Reporters einfallen lassen, die die wichtigsten Punkte zum Thema betonen:

z. B: Krankheitsgeschichte in Verbindung mit dem Reich-Gottes-Gedanken (s. S. 49 ff.)

oder: Bußbewegung am Anfang der Erweckung
oder: Krankenheilungen als Zeichen des geistlichen Aufbruchs
etc.

Fragen (Gruppen oder Plenum – je nach Teilnehmerzahl)

1. Wie sind die Gedanken Blumhardts zum Reich Gottes knapp zu skizzieren?
2. Vergleich mit den eingangs gemachten Definitionen: Wo liegen Unterschiede? Worin sind sie begründet?
3. Diskutiert die Rolle der Wunder in der Biographie Blumhardts!
4. Was könnten diese Gedanken für unser Leben als Christen bedeuten?
5. Wie können wir ganzheitliche Hoffnung auf das Reich Gottes (vgl. dazu Offenbarung 21,1 ff.) im missionarischen Lebensstil verwirklichen?

Hinweis: Es ist wichtig, daß man den Teilnehmern genügend Zeit (ca. 25 Min.) gibt, die „schwer verdaulichen Brocken" aus der Biographie im Gespräch zu verarbeiten.

Zusammenfassung (Plenum)

Die Hoffnung auf das Reich Gottes mit einer Auferstehung von Seele und Körper muß ihren Niederschlag finden in unseren missionarischen Bemühungen, die auch beide Aspekte umfassen müssen.

Thema II:

Ziel:

„Väter in Christus" sollen und können Christen für ihr Glaubensleben anregen – auch ohne nähere Durchführung eines der Themen, die ihr Leben besonders bestimmt haben.

Durchführung:

– Die Biographie Blumhardts – spannend erzählt – müßte Anlaß genug sein, aufmerksam zuzuhören und mitzudenken.

– Austausch über den Eindruck, den die Erzählung hinterlassen hat: Erklärungen für die Ereignisse der Krankheitsgeschichte und der Heilungen; glaubhaft? Was sollen wir damit anfangen? Wo sind Denk- und „Tat"anstöße?

– Wenn möglich: Zum Abschluß des Plenums formuliert jeder Teilnehmer (freiwillig!) einen Denk- und Aktionsanstoß!

Bemerkung:

Diese Art der Durchführung ohne besonderen pädagogischen und psychologischen „Muntermacher" könnte eine Hilfe und ein Anstoß für die Teilnehmer sein, sich einmal eine Biographie in einer ruhigen Stunde vorzunehmen, sie durchzulesen und dann über den Eindruck ernsthaft nachzudenken!

Thema III:

Es ist gut denkbar, sich das Thema „Johann Christoph Blumhardt" für ein Wochenende vorzunehmen. Sein Ansatz, eine ganzheitliche Perspektive des Christseins zu haben, ist höchst aktuell und wichtig. „Ganzheitliches Leben und Denken", das uns aus verschiedenen philosophischen Ecken als Modewort entgegenklingt, darf nicht einfach verworfen werden. Alles, was uns aus Umwelt und Gesellschaft entgegenkommt, muß am Evangelium gemessen werden; Blumhardt macht deutlich, daß nur ein Denken, das persönlich und auch auf die ganze Schöpfung bezogen (vgl. dazu Römer 8,18 ff.) alle Lebensbereiche umfaßt, wirklich der biblischen Botschaft entspricht (vgl. „aller Welt Erlösung" S. 57/58).

Zur Vorbereitung eines Wochenendes empfiehlt es sich, die klassische Blumhardt-Biographie von Zündel hinzuzuziehen.

Folgende Arbeitseinheiten sind möglich:

1. Darstellung der Biographie Blumhardts, siehe Thema II

2. Blumhardts Reich-Gottes-Hoffnung

   Ausgehend von Punkt 4 der „Reflexionen" kann man in einer Gruppe über den Gedanken Blumhardts arbeiten, als zeige sich bei Besessenen im persönlichen Bereich der Kampf zwischen Finsternis und Licht genauso, wie dieser in der ganzen Schöpfung stattfindet. Er legt diesen Gedanken Matthäus 8,28 ff. zugrunde.

   Die zweite Gruppe könnte sich über Blumhardts Gedanken zum Zurückgehen des Geistes Gottes austauschen. Sind die Beobachtungen und Schlußfolgerungen Blumhardts richtig? Welche Konsequenzen hätte das?

   Die dritte Gruppe arbeitet über der Fragestellung Blumhardts, daß das Erwarten einer vermehrten Geistestätigkeit das Leben des Christen verändern würde. Wie müßte solch eine veränderte Erwartung sichtbar werden? Wo liegen Gefahrenherde bei solchen Gedankengängen? (Blumhardt betont, daß wir das Wirken des göttlichen Geistes nicht erzwingen können!)

3. Jesus Christus – Gestalter aller Lebensbereiche

   – Jesus, Herr unsres Verhaltens (in Familie, Schule, Beruf)
   – Jesus, Herr unsres Denkens
   – Jesus, Herr unsres Körpers („Tempel des Heiligen Geistes")
   – Jesus, Herr unseres Lebens in der christlichen Gemeinde
   – Jesus, Herr und Schöpfer der ganzen (Um-)welt und Herr über mein Verhältnis zu seiner Schöpfung
   – Jesus, Herr, Schöpfer und Retter aller Menschen und Herr über meinen Lebensstil, der auf diesen Herrn hinweisen soll

Weitere Themenvorschläge im Zusammenhang mit Blumhardt:

– Glaubensheilung und wissenschaftliche Medizin

– Geisteskrankheit und okkulte Phänomene
  (Literaturhinweis dazu: Th. Bovet: Zur Heilungsgeschichte der Gottliebin Dittus, in J. C. Blumhardt: Die Krankheitsgeschichte ..., s. u.)

– Buße und Erweckung

Literaturhinweise

- F. Zündel: Johann Christoph Blumhardt; Brunnen-Verlag, Gießen

- J. C. Blumhardt: Die Krankheitsgeschichte der Gottliebin Dittus; Vandenhoeck-Ruprecht, Göttingen

- G. Weber (Hg.): Ausgewählte Werke Band II „Alles und in allem Christus" – Gesammelte Aufsätze; Freimund-Verlag, Neuendettelsau; Auslieferungsverlag: Brunnen, Gießen

- Fr. Hauss; J. C. Blumhardt; in: Die uns das Wort gesagt haben; Hänssler-Verlag, Stuttgart

- A. Münch: Johann Christoph Blumhardt – Ein Zeuge des gegenwärtigen Gottes; Brunnen-Verlag, Gießen

- H. F. Lavater: Bad Boll durch 350 Jahre und beide Blumhardt; Brunnen-Verlag, Gießen

- R. Scheffbuch: ... bis auch der letzte Feind wird schweigen. Ja, Jesus siegt!; idea – Dokumentation Nr. 39/80

Karl Heim

Christuszeuge in Hochschule und Gemeinde –
Denker evangelischen Glaubens

Seelsorger – Missionar – Weltreisender

Hebräer 13,7: Gedenket eurer Lehrer (Vorsteher), die euch das Wort Gottes verkündigt haben; schaut ihr Ende (den Ausgang ihres Wandels) an und ahmt (folgt) ihrem Glauben nach.

„Ich gedenke der vorigen Zeiten"

Seine gleichnamige autobiografische Schrift beginnt Karl Heim mit einem langen Kapitel über seinen Großvater Friedr. Jak. Philipp Heim, den man zu den schwäbischen Vätern des Pietismus rechnet; Karl Heim war es gegeben, das Beste aus der reichen theologischen und philosophischen Überlieferung in seiner Person zu vereinen (etwa von Hegel, Schelling, Hölderlin, Mörike, Bengel, Oetinger, Hahn, Blumhardt u. a.); er übernimmt sie, führt sie weiter, findet einen eigenständigen Weg zwischen den besonderen theologischen Schulen; man nannte ihn liebevoll den Pietisten unter den Professoren, und fast etwas respektlos (aber treffend) das „trojanische Pferd der Kirche in der Stadt der Welt" (Köberle). In einem Brief an G. Schrenk gesteht er 1903: „So sehr ich mich aus dem Pietismus heraus entwickle, ich kann mich von dieser Bewegung nicht emanzipieren. Ich bin einfach ein Stück von ihr, wenn auch ein eigentümlich Gewachsenes." Doch zurück zum Großvater: Hier läßt sich zeigen, wie das Wundergewebe des Reiches Gottes von Generation zu Generation weitergeht: Da wird der Enkel durch den erreicht, den der Großvater zum geistlichen Sohn hatte (Elias Schrenk, siehe S. 13). Er war sein ganzes Leben lang Rufer zu Christus hin. Es lohnt sich allein schon, den Faden einmal in seiner Biographie zu verfolgen, wo immer er in ganzer Nüchternheit das Wort Gottes in die Gegenwart übersetzt, denn Verkündigung war für ihn Übersetzung.

Doch zunächst einige Lebensdaten:

1874	Am 20. Januar wurde Karl Heim im Pfarrhaus von Frauenzimmern im schwäbischen Zabergäu geboren.
1881–1892	Schulbesuch in Frauenzimmern, Kirchheim Teck, Schöntal und Urach.
1892	Eintritt in das Tübinger Stift.
1893	Entscheidende Lebenswende auf einer Studentenkonferenz der DCSV in Frankfurt.
1896	Abschluß des ersten Theologischen Dienstexamens vor der Tübinger Fakultät.
1897–1899	Lehrauftrag für deutsche Literatur und Weltgeschichte in Crailsheim.
1899	Zweites Theologisches Dienstexamen in Stuttgart, Dr. phil. an der Philosophischen Fakultät Tübingen.
1899–1903	Reisesekretär der DCSV.
1903–1906	Inspektor am Schlesischen Konvikt in Halle a. d. Saale, dazwischen Paris-Reise.
1907	Habilitation in Halle.
1913	Heirat mit Hedwig Uhl, einer Dekanstochter aus Neuenbürg im Schwarzwald.
1914	Berufung auf eine ordentliche Professur für systematische Theologie nach Münster.
1916–1918	Während des Krieges im Dienst der Studentenseelsorge für Kriegsgefangene und Schwerverletzte.
1918	Aufnahme der Lehrtätigkeit in Münster.
1920	Berufung nach Tübingen. Gleichzeitig Predigtauftrag an der Tübinger Stiftskirche.
1922	Reise nach Peking.
1928	Reise nach Jerusalem.
1931	„Glaube und Denken."
1935	YMCA-Vortragsreise nach Amerika auf Einladung J. Motts (m. Michaelis)
1937	2. Vortragsreise nach Virginia und Princeton (Einstein)
1958	Todestag am 30. August.

Umkehr zum Leben

Ein Sohn des erwähnten Großvaters hat die geistlich-kirchliche Linie fortgeführt: Sein Zweitältester, Christian, wurde Pfarrer und zeigte seinem Sohn Karl einmal bei einem Besuch in der alten Heimat Winnenden eine Ecke im Studierzimmer, in der sein Vater (K. Heims Großvater) mit ihm niedergekniet hatte. Dies war eine heilige Stunde für den jungen Karl.

Eine weitere sollte er 1893 nach Eintritt ins berühmte Tübinger Stift erleben unter Elias Schrenk. Schrenk hatte als junger Kaufmannsgehilfe Heims Großvater gehört und erfuhr durch ihn den Ruf zum Missionar. Der geistliche Segen sollte nun durch den schlichten Evangelisten auf den Enkel übergehen.

Hören wir Karl Heim selbst:

„Unsere Tübinger Stiftskirche ist noch nie so voll gewesen, weder vorher, noch nachher, wie an jenem Abend, an dem Schrenk einen Vortrag angekündigt hatte: ‚Nur für Männer.' Es waren nicht bloß alle Gänge gefüllt, sondern sie standen auch außerhalb vor den Portalen, immer fünf Glieder hintereinander, obwohl Tübingen damals nur etwa halb soviel Einwohner hatte wie jetzt. Die geistliche Vollmacht, mit der Schrenk sprach, fühlte man deutlich, wenn man es miterlebte, wie die Menschen am Abend noch unter dem frischen Eindruck seiner Worte auf den Bahnhof zogen, um mit den Abendzügen wieder heimzukehren. Es kam immer wieder vor, daß in einem der überfüllten Eisenbahnwagen jemand anfing, ein geistliches Lied zu singen. Bald stimmte der ganze Wagen mit ein."

Der Vortrag über Jesaja 43,18 machte den Studenten Heim betroffen.

Später sollte er ihn bei der Studentenkonferenz in Frankfurt am Main noch einmal über dieses Wort predigen hören: „Achtet nicht auf das Vorige!" Heim berichtet darüber, es sei ihm gewesen, wie wenn ein Zimmermann, der ein Brett angenagelt und festgestellt hat, daß es sitzt, dem Nagel einen zweiten Schlag gibt. So wurde ihm jeder dieser Sätze unvergeßlich eingeprägt. Am anderen Morgen war er bei Schrenk.

„Es war ein kurzes, aber befreiendes und erquickendes Gespräch, bei dem es zur bedingungslosen Kapitulation kam und damit zu dem radikalen Neuanfang, von dem Schrenk gesprochen hatte. Es war der schöpferische Neubeginn meines inneren Lebens. Als ich einige Tage später mit einem meiner Freunde Frankfurt verließ, um nach einer Fußwanderung durch das deutsche Mittelgebirge nach Tübingen zurückzukehren, war es mir, als wäre nicht nur in mir selbst etwas verändert worden, sondern als wäre auch die ganze Natur, durch die wir wanderten, mitverwandelt worden. Es schien mir, der Himmel über den deutschen Buchenwäldern sei nie in so tiefem Blau erstrahlt, die Wälder hätten ein leuchtenderes Grün, die Vögel jubelten heller hoch in den Zweigen."

Karl Heim hatte den granitenen Grund gefunden, den ihm kein intellektueller Zweifel mehr umstoßen konnte. Er fand jetzt ganz neue Freunde. Es war ihm klar, daß eine christliche Bewegung sich nicht wie die alten Verbindungen einschließen durfte. Sie muß offen sein nach außen. So beschlossen sie, einen christlichen Kreis mit missionarischem Charakter zu gründen, der auch Korpsstudenten offen stand. Sie beteten, aber turnten, ruderten, schwammen und ritten auch miteinander.

Gerettetsein bringt Rettersinn

Der junge Vikar war inzwischen zum Reisesekretär der Deutschen Christlichen Studentenvereinigung (DCSV) berufen worden. Seine Berufung besprach er u. a. mit einem angesehenen Bruder aus den Kreisen Michael Hahns, die mit Bibel und Gebet lebten. Er berichtete von der Arbeit an den Studenten, wie sie Erweckung und Stärkung ihres Glaubenslebens nötig hätten, und von dem Ruf, der an ihn ergangen wäre. Da sagte der ehrwürdige

Alte plötzlich auf gut schwäbisch: „Do muascht na!" (Da mußt du hin.) Heim hatte den gegenteiligen Rat erwartet. Nun wurde es ihm ganz gewiß, daß er seine engere Heimat verlassen solle, um dem Ruf Gottes Folge zu leisten.

Sein Reisedienst führte ihn an alle Universitäten und Technischen Hochschulen Deutschlands. Er besuchte zuerst den kleinen Kreis der christlichen Studentenvereinigung, ließ sich ihre Nöte schildern, dann hielt er mit ihnen eine Bibelbesprechstunde. Die vollsten Säle hatte Heim, wenn er über die sexuellen Fragen sprach, denn hier lag eine Hauptnot der studierenden Jugend. Höhepunkt seines Dienstes waren die jährlichen Studentenkonferenzen. Da traf er mit den großen Gottesmännern zusammen, an denen sein Glaube sich stärkte.

So lernte er auf einer Konferenz des Weltbundes der Christlichen Studentenvereinigung, die im Jahre 1900 in Paris stattfand, den amerikanischen Evangelisten John Mott kennen, einen Mann von überströmender Energie und innerer Hoheit, die allen, die mit ihm zusammenkamen, den größten Respekt abnötigte. Besonderen Eindruck machte auf ihn der lebendige Christ aus dem russischen Hochadel, Baron Nikolai. Dieser hatte eine wunderbare Sprachengabe, so daß er eine Gebetsgemeinschaft in fünf Sprachen dolmetschen konnte. Nikolai lud Heim ein, auf seine Kosten nach Rußland zu kommen, um dort eine Christliche Studentenvereinigung zu gründen. Heim folgte dieser Einladung und reiste über Dorpat und Riga nach Petersburg. Weder vorher noch nachher hat Heim eine solche Pracht erlebt wie im Nikolaischen Palast. Das eindrucksvollste Erlebnis, das Karl Heim in Petersburg hatte, war die heimliche Versammlung der Stundistengemeinde, die er im Keller des Nikolaischen Palastes mitmachen durfte. In den dunklen, nur schwach erleuchteten Raum strömten von allen Seiten hohe, bärtige Bauerngestalten, mit Schafspelzen angetan. Jeden Augenblick konnten sie von der Polizei entdeckt werden, und das bedeutete Abtransport nach Sibirien. Diese drohende Gefahr schloß die Schar zu einer Bruderschaft in Christus zusammen. Da kniete der Vornehme neben dem Bauern, der Besitzer neben dem leibeigenen Knecht. Es gab keinen Leiter, nur den unsichtbaren Herrn, den die Schar anrief: „O Gospodin! O Herr!" Es war ein wunderbares Wehen des Gebetsgeistes. Diese „Katakombenkirche" wird auch den kämpferischen Atheismus Rußlands siegreich überstehen.

Ähnlich tiefgehende Erfahrungen machte er auf seinen Fernostreisen nach Peking, Japan und Jerusalem (vergleiche „ich gedenke ..."; EW 6/82) sowie nach Amerika (Köberle, 38 ff.).

Lehrer – Prediger – Schreiber

Christozentrischer Lehrer

Heim schrieb über seine Lehrauffassung folgendes:

„Meine Philosophie und Theologie war in dem Satz zusammengefaßt: ‚In Christus sind verborgen alle Schätze der Weisheit und der Erkenntnis.' In dem kleinen Leitfaden, den ich meinen Hörern als Grundlage für die Vorlesung in die Hand gab, war dieser konsequente Christozentrismus gedanklich nach allen Seiten entfaltet und das ganze Weltgeschehen von seinem Ursprung an bis zu seiner Vollendung verstanden als ein Weg, der zuletzt zur Verherrlichung des Christus führen wird und von dorther schon jetzt seinen letzten Sinn erhält."

Die seelsorgerliche Liebe Heims, die sich in hingebender Weise um den einzelnen kümmerte, um ihm mit dem Höchsten zu dienen, war eine Ausstrahlung seines lebendigen Glaubens. Nicht um der Wissenschaft willen, am allerwenigsten um der eigenen Ehre willen vollbrachte Heim sein Lebenswerk. Er tat es aus der dienenden Liebe heraus. In einem Brief an A. Köberle heißt es:

„Wir müssen jetzt ganz neue Wege suchen, wenn wir nicht den Kontakt mit unserer Zeit vollends verlieren wollen, wenn nicht der ungeheure Riß zwischen der nur unter sich verkehrenden Theologie und der Welt der Mediziner und Naturwissenschaftler über kurz oder lang zu einer Katastrophe führen soll. Eine Riesenarbeit ist zu tun, um den schon seit hundert Jahren verlorenen Anschluß wieder einzuholen, ehe es zu spät wird. Mit dieser Kassandrastimmung gehe ich freilich völlig einsam umher."

So hat er mit Freuden den Auftrag des Deutschen Studentendienstes übernommen, Lagerpfarrer in einem Interniertenlager in Hald in Dänemark zu werden. In dieses Lager wurden invalide

Soldaten aus den Gefangenenlagern in Rußland eingeliefert, denen er menschlich und seelsorgerlich beistand. Das unglückliche Kriegsende, das Heim, wie er selbst sagte, erwartet hatte, führte ihn aus dem reichen Dänemark in das arm gewordene Vaterland zurück. In diese unglückliche Zeit fiel seine Berufung als Nachfolger Theodor Härings an die Universität Tübingen. Es war ein heißer Kampf um seine Person vorhergegangen, gegen die seine Gegner mit allen Mitteln kämpften. Heim betrachtete es als eine göttliche Fügung, daß trotz schärfster Opposition seine Berufung beschlossen wurde. So zog er im Frühjahr 1920 in das altvertraute Tübingen ein, wo er als junger Student die Fundamente im Glauben an Jesus Christus gelegt bekommen und als Mitgründer der Christlichen Studentenvereinigung den Weg des missionarischen Dienstes beschritten hatte.

Er ging seinen ganz eigenen Weg. Er wollte dem erfahrenen Evangelium in der vielfältigen Gedankenwelt der Philosophien und Weltanschauungen seiner Zeit Raum verschaffen. Das kam bei den Studenten an. Der Zudrang zu Heims Vorlesungen war ganz außerordentlich, so daß die größten Hörsäle kaum ausreichten. Bald waren neunhundert Theologiestudenten an der Tübinger Universität eingetragen. Bei den offenen Abenden, die er in seinem Haus hielt, drängten sich die Studenten so, daß man Platzkarten ausgeben mußte. Da bekam der Professor Einblick in die Fragen, die die jungen Menschen bewegten, noch mehr als in den Vorlesungen und im Seminar. Er ist auf alle Probleme, die ihm vorgetragen wurden, liebevoll eingegangen, indem er jeden der oft unreifen Frager ernst nahm!

Manchmal war es den anderen fast zuviel, wie er sich um jeden mühte, aber er konnte nicht mit ansehen, wie viele Gebildete wegen philosophischer und naturwissenschaftlicher Gründe den christlichen Glauben preisgaben. Er mußte sich mit der Zeitphilosophie auseinandersetzen. Man kann geradezu verschiedene Phasen seiner Lehrtätigkeit feststellen, je nachdem welche absolut gesetzte Philosophie oder Weltanschauung zur Zeit Anspruch auf allgemeine Geltung erhob.

In dem Jahrzehnt, in dem er seine sechs Bücher schrieb: „Der evangelische Glaube und das Denken der Gegenwart", ging er von dem neuen physikalischen Weltbild aus, durch das das Gesetz von der Erhaltung der Kraft ebenso wie das Kausalitätsgesetz – die Grunddogmen, auf die der Materialismus aufbaut und deren Zerstörung er bis zum heutigen Tage nicht gelten lassen will – durchbrochen ist. Auch schon in Halle hatte Heim gelehrt, daß aus dem unendlichen Weltall jederzeit eine bisher unbekannte Kraft in den Kausalzusammenhang der Naturgesetze einbrechen kann. So wird das Wunder zum „Natürlichen", und der von der empirischen Beobachtung bis jetzt festgestellte gesetzmäßige Verlauf ist „Gnadenwunder" des Schöpfers, um uns ein geordnetes Leben zu ermöglichen.

Sein entschlossener Kampf galt jeder Absolutsetzung alter wissenschaftlicher Denkvoraussetzungen, die dem christlichen Glauben den Weg versperren wollen. Sein Denkprinzip war bei diesem Kampf immer, daß er die sich absolut setzende Philosophie von ihren eigenen Denkvoraussetzungen her aus dem Sattel hob und nachwies, daß eben dieses Sich-Absolutsetzen ein unerlaubter Denkübergriff ist, eine fehlerhafte Vergötzung der eigenen Denkposition. Dazu gehörte z. B. auch die Entmythologisierungsmethode, die die Offenbarung Gottes in der Schrift relativiert. Heim formulierte seine Bedenken einmal so:

„Die Methode der Entmythologisierung verlangt den Radikalismus, daß der Entmythologisierende sich selbst, sein physikalisches und philosophisches und historisches Weltbild entmythologisiert. Vielleicht geht er von einem veralteten Weltbild aus, das noch in den zwanziger Jahren des Jahrhunderts in Geltung stand, jetzt aber durch die Quantentheorie Plancks und Heisenbergs überholt ist."

Ein Höhepunkt der Vorlesungstätigkeit Karl Heims war seine Vorlesung über das evangelische Christentum. Er hielt sie ein Semester nach dem katholischen Kirchenhistoriker Karl Adam, der die katholische Kirche mit ihrer Macht und Herrlichkeit schilderte, die ihren weiten Mantel über die verschiedenartigsten Frömmigkeitsformen breitet. Der Zulauf aus Universität und Stadt war enorm.

Vom Eishauch des Zweifels zur Glaubensgewißheit

Seinen Studenten vermittelte Heim tiefe Ehrfurcht vor der Heiligen Schrift. Gediegene wissenschaftliche Arbeit mit Blick auf den Gemeindedienst war für ihn stets eine einheitliche Aufgabe. Er verdient deshalb als Prediger besondere Würdigung. Denn hier konnten sich zwei Seiten seines Wesens besonders fruchtbar entfalten: Hochachtung des biblischen Wortes und lebendiges Gespür für eine völlig veränderte Welt, in der wir heute leben. Dabei lagen ihm die Suchenden und Zweifelnden am Rande der Kirche besonders am Herzen, weil der „Verstand der Skepsis anheimfällt, wenn das Herz ungehorsam wird". Bereits der Einstieg zu jeder Predigt war so originell, daß die Hörer den weiteren Fortgang mit Spannung erwarteten. Manche Rede geriet so zur Predigt, weil am Ende nie der Ruf fehlte, das eigene Leben Gott doch ganz praktisch auszuliefern. Die historische Rede vor DCSV-Delegierten 1905 in Wernigerode (Harz) ist dafür ein Beispiel (anfordern bei der Karl-Heim-Gesellschaft/KHG). Es lohnt sich, diese Rede miteinander zu studieren, denn die dort angesprochene Thematik ist unter Jugendlichen und Studierenden nach wie vor aktuell.

Heims Gedanken gipfeln in der dreifachen Rolle des Zweifels, die er entfaltet:

1. Der Zweifel besteht aus dem ernsten Verlangen, sich Gott hinzugeben.
2. Er wirkt zunächst wie ein Eishauch auf das erwachende Vertrauen zurück.
3. Dieser Konflikt muß aber sein, wenn das Vertrauen wirklich Vertrauen werden und den Charakter des persönlichen Glaubens erhalten soll.

Von solchem Glauben erzählt Karl Heim anschaulich in seiner Selbstbiographie am Beispiel des ihn beeindruckenden englischen Missionsarztes Hudson Taylor, dem Gründer der China-Inland-Mission. Die Studenten des Tübinger Stifts, Hochburg liberaler Bibelkritik, umringten ihn eines Tages und fragten ihn um seine Stellung zur Bibel.

Er gab zur Antwort:

„Wenn Sie morgen wieder von Frankfurt abreisen, suchen Sie im Kursbuch einen Zug heraus und gehen auf die angegebene Zeit zum Bahnhof. Es kommt Ihnen gar nicht der Gedanke, das Kursbuch könne nicht stimmen, weil Sie immer wieder die Erfahrung gemacht haben, daß die angegebenen Zeiten richtig sind. So habe ich in meinem Leben in den tödlichen Gefahren immer wieder die Erfahrung gemacht, daß die Worte der Bibel richtig sind. Wenn z. B. in der Bibel steht: ‚Trachtet am ersten nach dem Reich Gottes, so wird euch alles übrige zufallen', so habe ich mich danach gerichtet und bin nie enttäuscht worden. Handeln Sie ebenso, und Sie werden dieselbe Erfahrung machen!"

Das Beispiel macht deutlich, wie sehr Denken und Tun, Hören und Vertrauen zusammengehören. Weitere Lebenserfahrungen von Heim-Schülern der nächsten und übernächsten Generation können zu diesem Kapitel bei der KHG angefordert werden (Beiheft 3/89).

In einer Predigt auf einer Studentenkonferenz in Barmen über die Heilsgewißheit fragte Heim:

„Aber wie kommen wir zu der seligen Gewißheit, die uns zu Gefäßen der Barmherzigkeit macht, zu dem frohen Bewußtsein: Ich bin angenommen!? Wir Menschen können uns in dieser Frage nicht weiterhelfen. Wir sind ganz auf ein Geschenk Gottes angewiesen. Nur eins möchte ich denen sagen, die bisher vergeblich nach Gewißheit gesucht haben. Ich bin überzeugt: Gott hat für jeden unter uns, der hier ist, eine ganz bestimmte Botschaft. Er hat jedem unter uns etwas zu sagen, was nur ihm allein gilt und was ihm Klarheit gibt über sein Leben. Wenn wir noch nicht gehört haben, was Gott uns sagen will, dann liegt es nur daran, daß wir das Hören noch nicht gelernt haben. Ich sah einmal einen Telephonisten im Kontor einer großen Fabrik, der mitten im betäubenden Lärm der Maschinen ein telephonisches Gespräch führte. Er wurde gefragt: ‚Wie können Sie mitten in diesem Höllenlärm hören?' Da sagte er: ‚Das habe ich auch erst lernen müssen. Am Anfang schwirrten alle Stimmen und Geräusche durcheinander. Jetzt habe ich gelernt, mitten im Lärm einsam zu sein. Sobald angeläutet wird, höre ich nichts mehr von dem, was um mich herum gelärmt und gesprochen wird. Ich höre nur noch die eine Stimme.' Wenn wir zu keiner Gewißheit über unsere ewige Bestimmung kommen können, so liegt das meistens nicht daran, daß Gott nicht zu uns redet. Nein, der Fehler liegt daran, daß wir die innere Einsamkeit noch nicht gefunden haben, die Fähigkeit, mitten im Lärm der Welt doch immer die eine Stimme zu hören, auf die es allein ankommt. Es handelt sich nicht um die äußere Einsamkeit der Klosterzelle. Die wenigsten unter uns haben die Möglichkeit, sich auch nur für Stunden von allen Menschen zurückzuziehen. Darauf kommt es auch gar nicht an. In den beiden Fällen, da in den Evangelien einem Menschen die Vergebung seiner Sünden zugesprochen wird, geschieht es mitten im Menschengewühl. Der Gichtbrüchige hört mitten im Menschengewühl das Wort: ‚Sei getrost, mein Sohn, deine Sünden sind dir vergeben!' Jesus spricht nur mit ihm allein. Die Sünderin ist mitten im Hause des Pharisäers in einer lärmenden Tischgesellschaft, die ihre Glossen über sie macht, ganz allein mit Jesus, als er ihr sagt: ‚Dein Glaube hat dir geholfen; gehe hin mit Frieden!'"

„Reichlich grün" ...

... so nannten Heims ältere akademische Lehrer sein erstes Buch, das 1904 erschienene „Weltbild der Zukunft". Die studierende Jugend hingegen nahm das Werk des jungen Privatdozenten begeistert auf. Sie waren jetzt seine „Kinder", für die er schreibend da sein wollte; hatte er sich doch entschieden: liberi aut libri; Kinder oder Bücher! Darin war er sich mit seiner später gefundenen Gehilfin wohl einig; bereits zwei Jahre vor seiner Berufung nach Münster heiratete er die Dekanstochter Hedwig Uhl aus Neuenbürg im Schwarzwald. Karl Heim hatte in diesem ersten Buch besonders dem Materialismus den Kampf angesagt; radikale Zweifel hatten ihn zu dieser sicher in Teilbereichen noch unreifen Schau veranlaßt. Er sagte selbst:

„Ein Verständnis für meine 1904 beginnenden immer neuen Ansätze zu einem ‚Weltbild der Zukunft' ... geht nur dem auf, der ganz unabhängig von mir von Zweifeln darüber heimgesucht worden ist, ob die letzten Voraussetzungen über das Verhältnis von Ich, Du und Welt, von denen wir bei unserem Denken und Sprechen immer als von ganz selbstverständlichen Tatsachen ausgehen, eigentlich einen Sinn haben."

Die damals in Heim beginnende „allumfassende, aufs Ganze gehende Denkbewegung" kam fortan nicht mehr zur Ruhe, sie stellte die letzten Grundbegriffe des Weltverständnisses in Frage. Die wohlwollenden Professoren gaben Heim den Rat, wenn er seinen Ruf, den er durch diese himmelstürmende Schrift gefährdet habe, wiederherstellen wolle, dann müsse er durch eine historische Untersuchung beweisen, daß er imstande sei, historische Quellenarbeit zu treiben. Aber die Studenten strömten in seine Vorlesungen, nicht nur Theologen, sondern auch Studenten anderer Fakultäten. Nun ging es kühn voran zum Angriff gegen eine anscheinend voraussetzungslose Wissenschaft. Sein Schüler F. Hauß bekannte:

„Daß es möglich ist, so radikal zu denken, wie Karl Heim es tat, und doch an Jesus Christus, den Sohn Gottes, zu glauben, das nahm uns die Angst vor dem Denken und gab unserem Glauben Zuversicht. Mit Ehrfurcht und Staunen betrachte ich heute mein Dogmatik-Kollegheft, das ich im Jahre 1913 zu Halle im Hörsaal Karl Heims geschrieben habe. Ich habe als junges Semester wohl nicht alles verstanden, aber die Durchschau in die Fundamente unseres Glaubens wurde mir geschenkt."

Wenn Karl Heim es auch ablehnte, eine eigene Schule zu gründen, so hat doch eine große Zahl dankbarer Schüler sein Werk für Theologie, Kirche und Mission fruchtbar gemacht, denn das ist und bleibt nötig, zumal Karl Heim die Begegnung Glaube – Wissenschaften in seiner Zeit hochhielt, also Teilfragen seiner Theologie zeitgebunden und auch bald überholt waren.

Inzwischen hatte aber Karl Heim mit seinem größeren Werk „Das Gewißheitsproblem in der systematischen Theologie bis zu Schleiermacher" Anerkennung gefunden und einen Ruf an die neugegründete preußische Universität Münster erhalten. Der Kultusminister berief solche, die Anziehungskraft auf die Studenten bewiesen hatten und der neuen Fakultät zu gutem Start verhelfen konnten.

Seine Denkarbeit fand dann literarischen Niederschlag vor allem in dem sechsbändigen Hauptwerk „Der evangelische Glaube und das Denken der Gegenwart". Im ersten Band „Glauben und Denken" beschäftigt sich Heim mit der Frage der Transzendenz, der Überweltlichkeit. Er sieht die Transzendenz schon zwischen Ich und Du, deren Vorstellungsräume sich überhaupt nicht berühren. Das gegenständliche Weltbild, die Grundlage des Materialismus, ist überwunden. Der Raum ist nicht, sondern er geschieht. Im zweiten Band „Jesus, der Herr" schildert Heim die Mittlervollmacht des Christus. Die Urschuld des Menschen, die satanische Macht des widergöttlichen Willens, der in Spannung zum göttlichen Willen steht, macht die Sendung des Mittlers zur Rettung des Menschen nötig. Im dritten Band „Jesus, der Weltvollender" stellt Heim die Unmöglichkeit dar, das Werk Jesu auf die Versöhnung zu beschränken. Die Weltversöhnung verlangt die Weltvollendung. Mit der Auferstehung Jesu Christi beginnt die Endzeit. Die Lösung der Schuldfrage fordert auch die Lösung der Machtfrage. Die tiefe Ohnmacht Gottes im Kreuzestod Jesu verlangt sein Offenbarwerden in Herrlichkeit. In der Weltvollendung Gottes durch Christus wird die Gemeinde offenbar werden in der Herrlichkeit Jesu. Im vierten Band „Der christliche Gottesglaube und die Naturwissenschaft" und im fünften Band „Die Wandlung im naturwissenschaftlichen Weltbild" zeigt Heim die Veränderungen des Weltbildes, die die neuen Erkenntnisse der Physik gebracht haben. Die verfestigten Weltanschauungsbilder des Materialismus können keinen Anspruch auf Wissenschaftlichkeit mehr erheben. Sie sind von Menschen ausgedachte Religionen, Vergötzungen eines zeitbedingten Weltbilds. Die Materie löst sich auf in Energie. Ein fester Weltmittelpunkt ist wissenschaftlich nicht mehr erkennbar. Um ihn weiß nur der christliche Glaube. Das Kausalgesetz ist wissenschaftlich nicht mehr haltbar. In der Atomphysik ist offenbar geworden, daß die ersten Wirkungen nicht naturgesetzlich erfaßbar sind, sondern mit einer nur statistisch erfaßbaren Wahrscheinlichkeit erfolgen. Im sechsten Band „Weltschöpfung und Weltende" wird die biblische Botschaft von Weltschöpfung und Weltende auf dem Hintergrund der derzeitigen naturwissenschaftlichen Erkenntnisse entfaltet. Heim schreibt am Schluß seiner Darlegungen:

„Wenn es einen überpolaren Raum gibt, dann kann, wie es die Bibel ansieht, diese Welt, in der wir leben, nur eine gefallene Schöpfung sein, die ihren Ursprung im ewigen Sein Gottes hat, deren Gestalt aber durch eine widergöttliche Macht, die in sie eingedrungen ist, mitbestimmt worden ist. Christus ist dann der von Gott gesandte Sieger, der die widergöttliche Macht, die an der Todesgestalt der Welt schuldig ist, überwunden hat ... Die Vollendung muß dann darin bestehen, daß Gott die gefallene Welt in seiner großen göttlichen Liebe wieder aus dem gefallenen Zustand erhebt und ihr ihren ursprünglichen überpolaren Charakter wieder zurückgibt. In Johannes 17 schaut der Herr nicht nur seine Heimkehr zum Vater, sondern die Heimkehr der ganzen befreiten Schöpfung zu Gott. Ich bin mir voll bewußt, was für ein großes Wagnis es war, in einer Zeit, in der auch der geistige Kampf zwischen Osten und Westen seinen Höhepunkt erreicht hat, in den Kampf zwischen Mechanismus und Nihilismus einzugreifen ...

Über den Wert oder Unwert eines solchen Wagnisses wird ja weder durch ein Kirchenkonzil noch durch eine Versammlung von Männern der Wissenschaft noch durch eine andere menschliche Instanz entschieden. Es wird vielmehr durch eine höhere Instanz darüber verfügt. Paulus sagt: ‚Der Tag wird es klarmachen.' Eine große Feuerprobe wird darüber entscheiden, ob es aus Gold, Silber oder Edelsteinen aufgebaut worden ist oder aus Holz, Heu und Stoppeln. Möchte in der großen Feuerprobe, der die Welt entgegengeht, wenigstens etwas die Probe bestehen und sich in dem Endkampf, der uns bevorsteht, als feuerfest und tragfähig erweisen!"

Wissenschaftler – theologischer Denker – Brückenschläger

Ein entscheidender Brief

Im Jahre 1937 wurde Karl Heim nach den Vereinigten Staaten eingeladen, um in Richmond (Virginia) eine Reihe theologischer Vorträge zu halten. Seine Frau begleitete ihn dorthin. Die Begegnung mit Albert Einstein, den er besuchte, war ihm ein besonderes Erlebnis. Er kam ihm vor wie ein alttestamentlicher Seher, der in seiner Relativitätstheorie tiefe Einblicke in das Wesen der Schöpfung getan hatte. Einstein rühmte (nach nicht belegter Überlieferung) den Tübinger Professor als einen der wenigen, der seine allgemeine Relativitätstheorie bis in die letzten Konsequenzen verstanden habe.
Diese Vortragsreise führte noch 1937 zu einer Berufung Heims an die bedeutendste Universität Nordamerikas, nach Princeton. Sie war mit ihrer hervorragenden Bibliothek ein geistiges Zentrum des Westens, eine apologetische Zentrale mit Philosophen und Theologen aus vielen Ländern.
Der theologische Leiter, Prof. Mackay, lud Heim ein und bat um seine Mitarbeit. Das bedeutete ungestörtes Forschen, verlockend für Karl Heim an der Seite Einsteins u. a. großer Gelehrter. Ähnlich wie Bonhoeffer hätte er auch die Chance gehabt, in den USA zu bleiben, bis die Zeit der Hitler-Diktatur vorüber war. (Der entscheidende Brief an Karl Heim und seine Antwort können in dem erwähnten Beiheft 3/89 nachgelesen werden.) Aus seiner Verantwortung für Theologie und Kirche im Nazi-Deutschland lehnte er die Berufung ab.

Ein leidenschaftlicher Denker

Karl Heims Denkleidenschaft erinnert an die großen deutschen Philosophen Hegel und Schelling. Bereits 1926 bekennt er in seinem Sammelband „Glauben und Leben":

„Meine geistige Entwicklung wurde dadurch bestimmt, daß ich mich schon vor meiner Studentenzeit aus einer inneren Nötigung heraus gegen den lähmenden Einfluß überkommener Formeln auflehnte und den Versuch machte, kein Wort nachzusprechen, mit dem ich nicht einen Sinn verbinden konnte."

Und weiter warnte er geradezu:

„Wem diese Grundvorstellung, in der alle erzogen worden sind, noch nie in seinem Leben fragwürdig geworden ist, wer den Erdstoß noch nie gespürt hat, der die Grundmauern schon lange erschüttert, die das ganze vielstöckige Haus unserer abendländischen Weltauffassung tragen, den kann ich nur warnen, irgendetwas von mir zu lesen. Es fehlt ihm das Organ dafür. Meine Denkarbeit muß ihm als ein Kampf gegen Windmühlen erscheinen, ein Spintisieren über Fragen, die einem normalen Menschen überhaupt nicht kommen ..."

Karl Heim läßt sich in keines der herrschenden theologischen Systeme einfach einordnen. Wie er den Schritt von der persönlichen Glaubenserfahrung hin zur ganzen Weltgeschichte tat, so ist auch sein Denken in aufbauenden und übergreifenden Räumen („Dimensionen") angelegt. Was in unserer Wirklichkeit in sich selbst ohne Sinn und Ziel zu sein scheint, tat sich in der „höheren Dimension" in seiner vollen Bedeutung auf. Eine Grundkenntnis ist dabei, daß der geistige Prozeß des Wollens als Vorentwurf dem Wirklichen vorausgeht. Hieraus entwickelt Heim die Erkenntnis Schritt für Schritt, daß „das ganze Weltgeschehen zuletzt doch nicht auf einer materiellen, sondern auf einer geistigen Grundlage ruht, die dann erst hinterher in materieller Form ihren Ausdruck findet". Er ist überzeugt vom kosmischen Ausgang des Weltgeschehens, was auch mit seiner Betroffenheit durch die Macht des Satanischen zusammenhängt, etwa dem Leid in der Welt. Vom dämonischen Realismus kommt er zu einem besonderen Verständnis der Sendung Jesu und versucht, dessen Führungsvollmacht als göttliche Offenbarung aus dem Dimensionsdenken im Zusammenhang mit unserer Daseinswirklichkeit denkbar und verständlich zu machen. Das machte ihn zwangsläufig auch zum Sozialethiker, der gängige und letzte Detailfragen menschlichen Verhaltens angeht (etwa Geschlechtlichkeit, Problematik von Grund und Boden und Zins, Bevölkerungsexplosion und Geburtenregelung usw.). Dazu hat er modernste Kenntnisse der Naturwissenschaft (Einstein, Heisenberg) in die Theologie eingebracht, etwa das Ende des Absolutheitsanspruchs des kausalen Denkens.

In einer staunenswerten Beweglichkeit des Geistes hat Karl Heim den auf ihn zukommenden Fragestellungen standgehalten. Damit gewann er vor allem auch Suchende und Zweifelnde am Rand oder außerhalb der Kirche, auch mit ihren intellektuellen Denknöten. Er sagte: „Ich nahm immer neue Worte aus der Sprache der heutigen Zeit auf, um sie zu Gefäßen des christlichen Zeugnisses zu machen."

„Wir brauchen Christus"

Damit ist angedeutet, wie Karl Heim auch immer wieder zum Brückenschläger wurde. In einer kleinen Schrift unter dem Titel „Gottesglaube und Christusglaube" setzt er sich mit denen auseinander, die durch den Nationalsozialismus ihren persönlichen Glauben verdrängt hatten, und macht deutlich, weshalb sie (und wir alle) noch Christus als Mittler und Erlöser brauchen:

1. Wir brauchen Christus, denn ohne ihn ist die Macht, die das unermeßliche Weltall bewegt, für uns in ein undurchdringliches Dunkel gehüllt.

2. Wir brauchen Christus, denn ohne Jesus, den Herrn, fehlt uns die letzte maßgebliche Befehlsstelle für unser Handeln, und wir kommen aus dem ethischen Relativismus nicht heraus.

3. Wir brauchen Christus, denn ohne ihn werden wir mit unserer Schuld nicht fertig und kommen darum zu keiner wahren Gemeinschaft mit Gott und mit unseren Mitmenschen.

Heim war ein christozentrischer Forscher. Er suchte immer neue Wege, um einzudringen in das große Geheimnis: Gott geoffenbart im Fleisch (1. Tim. 3,16). „Nur wer selbst in die Christusbewegung unserer Zeit hineingezogen ist und nicht umhin kann, über diesen höchsten Inhalt zu forschen und unabhängig nachzudenken, der begreift jene Notwendigkeit" (Glaube und Leben). Darin war Karl Heim Denker evangelischen Glaubens, sein Leben war geprägt von dieser kühnen Denkleidenschaft. Er legte Wert darauf, die Zweifel des modernen Menschen durchgerungen zu haben, um ihm seelsorgerlich helfen zu können. Er wußte aber auch, daß es viele Menschen gibt, die der von ihm geleisteten Denkarbeit nicht folgen werden. Somit bleibt er nicht nur Brückenschläger zwischen Naturwissenschaft und Theologie, er blieb auch umstritten. Denn es ist unpopulär, Brücken zu suchen im Sinne der ‚universitas,' im Zugriff auf ganzheitliche Wissenschaft, durchdrungen von christozentrischer Theologie. Gleichwohl bleibt dieses sein Vermächtnis, Theologie wieder zu sehen und zu betreiben als Wissenschaft vom Ganzen für den ganzen Menschen. Persönliche Glaubensgewißheit war dabei ein wirklicher Drehpunkt, wie wir sehen.

Vielleicht bleibt er auch wegen diesem letzten Entweder-Oder Einzelgänger wie das Vorbild Kierkegaard. Die Auseinandersetzungen mit Barth, Bultmann und auch Schlatter spiegeln etwas davon wider.

Vielleicht ist er tatsächlich ein „Trojanisches Pferd der Kirche in der Stadt der Welt", wie ihn sein Nachfolger auf dem Tübinger Lehrstuhl, Adolf Köberle, einmal bezeichnete. Wir brauchen mehr denn je solche Trojanischen Pferde, die es „in sich" haben. Hören wir, was Karl Heim selbst am Ende seiner Biographie schreibt:

„Für Menschen auf dem Wege war die Arbeit meines Lebens bestimmt. Wir dürfen als Christen gewiß sein, daß der große Kampf, in dem die Welt jetzt immer noch mitten darinsteht, der Kampf zwischen dem Materialismus und dem Christusglauben, durch schwere Geschichtskatastrophen hindurch seinem siegreichen Ende entgegengeht, in dem sich die Verheißung erfüllen wird: ‚Gott wird abwischen alle Tränen von ihren Augen, und der Tod wird nicht mehr sein, noch Leid noch Geschrei noch Schmerz wird mehr sein; denn der erste Äon, in dem wir jetzt stehen, ist vergangen.' So dürfen wir uns im Blick auf die Zeichen der Zeit an das Wort halten, das am Schluß der Offenbarung steht: ‚Es spricht, der solches bezeuget: Ja, ich komme bald. Amen, ja komm, Herr Jesu!' So schließe ich mein Erinnerungsbuch mit den Worten, die einst Kierkegaard auf seinen Grabstein schreiben ließ:

Noch eine kleine Zeit, dann ist's gewonnen,
dann ist der ganze Streit in nichts zerronnen,
dann darf ich laben mich an Lebensbächen
und ewig, ewiglich mit Jesus sprechen."

Stundenentwürfe

Hinweis für den Gruppenleiter:
Dem meist geschulten und erfahrenen Gruppenleiter wird empfohlen, auf die jeweilige Situation seiner Gruppe zugeschnitten aus den folgenden Anregungen das beste zu machen.
Für das Gespräch ist es sinnvoll, wenn die Gruppen nicht größer sind als 10–15 Personen. Andernfalls sollte man teilen und anschließend die Ergebnisse zusammentragen. Dabei ist an eine Dauer von 1 1/2 bis 2 Stunden gedacht. Das jeweilige Material läßt sich rechtzeitig vorbereiten (ggf. anfordern).
Die Anregungen folgen den drei Hauptkapiteln des Beitrages „Karl Heim – Denker evangelischen Glaubens". Inhaltliche Überschneidungen sind fast unvermeidlich. Die Themen wurden wegen der Strukturierung und Beschränkung an vier Leitbegriffen ausgerichtet:

Denkanstöße:
Einstieg ins Thema, Diskussion aufgeworfener Fragen, Begriffe und Beiträge

Lebensbild:
Aspekte der Biographie Heims unter bestimmten Gesichtspunkten

Herausforderung:
Phase der Vertiefung des Gesprächs unter Zuhilfenahme von zusätzlichem Material

Biblische Orientierung:
im Kontext zum Thema Studium bestimmter biblischer Stellen und Texte

Hierbei wird dem bewährten induktiven fragend-entwickelnden Verfahren gefolgt, also den (jungen) Menschen aus seinem eigenen Lebensbereich (von außen) abholen und über das Leitbild zur biblischen Mitte führen. Freilich läßt sich dies methodisch auch umkehren. Die Vorentscheidung trifft der Verantwortliche. Die angegebenen Bibelstellen setzen je einen Akzent zu den betreffenden Kapiteln und können freilich konkordant o. ä. weiter vertieft werden.

Bei der Zeitplanung ist von wenigstens drei Abenden auszugehen, wobei man sich je nach Situation der Gruppe nicht unter Zeitdruck setzen sollte. Nach-Denken bringt keine schnellen Lösungen! (Die Weisen aus dem Morgenland kamen auch noch zur Krippe – es dauerte länger als bei den Hirten – aber nach einigen Umwegen taten auch sie ihre Schätze auf!)

Beim Thema in der vorliegenden Form ist von einem Mindestalter von 16 Jahren auszugehen. Sollten die Jugendlichen jünger sein, wäre auch eine Vereinfachung des Lebensbildes denkbar; etwa:

Karl Heim – sein Umgang mit Menschen (der Seelsoger, Missionar und Mensch)
– sein Umgang mit der Heiligen Schrift (der Prediger, Redner und Schreiber)
– sein Umgang mit den Wissenschaften (der Forscher, theologische Denker und Brückenschläger)
– wie Glaube entsteht und weitergegeben wird (die Kette Großvater, E. Schrenk, Enkel Heim)

Bei zuletzt genannter Abendgestaltung bliebe wahrscheinlich mehr Zeit zum ausgiebigen Gespräch.

Zu Seelsoger – Missionar – Weltreisender

Denkanstoß:
Wer hat mich geprägt?
Falle ich gern auf?
Was habe ich bewußt/unbewußt von Eltern, Großeltern, anderen Menschen in meinem Leben übernommen?
Welche Erfahrungen habe ich beim Reisen gemacht?
Welche Fotos aus meiner Sammlung mag ich besonders gern?
Kenne ich schon meine „Wolke der Zeugen"?

Lebensbild:
Lesen aus „Ich gedenke der vorigen Zeiten"
Dias zur Biographie Heims (geben erfahrungsgemäß allein wenig her zum Verständnis der angesprochenen Fragen): Karl Heims Reisen nach China – USA – Japan – Jerusalem (Evangelium und Wissenschaft 6/82, sein Besuch der Weltmissionskonferenz 1928 Jerusalem)
Teile des Videos „K. Heim – Denker des evang. Glaubens"

Herausforderung:
Wer bin ich?
Weshalb ziehe ich mich in Glaubensdingen lieber zurück?
Wie wird man ein Seelsorger und/oder Prediger?
(dazu Aufsatz A. Köberle in PORTA 19)
Wo zieht es junge Menschen heute besonders hin?
Wie erfahre ich Vergebung meiner Schuld?
(dazu K. Heims Bekehrungsgeschichte und seine Erfahrung in der Tempelhofer Zeit mit der Übertretung des 6. Gebotes in „Ich gedenke ...")

Biblische Orientierung:
Hebräer 13,7; Jesaja 43,18 u. a.

Zu Lehrer – Prediger – Schreiber

Denkanstoß:
Kenne ich meine wirklich wichtigen Fragen und Zweifel?
Kann ich dieselben benennen? Wie ging ich bisher damit um?
Wie ist es bei mir mit dem Zusammenhang von Glauben und Denken?
Wer oder was bestimmen das Denken der Gegenwart?
Gibt es so etwas wie das „typische Denken" meiner Zeit?
Warum bin ich evangelisch? Was bedeutet das?
Wie stehe ich zur Bibel? Wer ist Jesus Christus für mich?
Was denke ich über die Zukunft?
Woher beziehe ich meine Hoffnung?
Kenne ich die „innere Einsamkeit"?

Lebensbild:
Lesen und erarbeiten: Heims berühmte Rede von 1905 (Evangelium und Wissenschaft 2/81; Bilden ungelöste Fragen ein Hindernis für den Glauben?)
Wie Heim unter Schrenks Verkündigung zur Gewißheit kam. Seine Schrift „Glaubengewißheit" (1916–23 div. Aufl.)

Herausforderung:
Schrift „Fragen zum Programm der Entmythologisierung", weitere Predigtproben Heims. Zeugnisse dreier Naturwissenschaftler (aus dem Freundeskreis der KHG).
Skripten der im ERF gesendeten 6teiligen Sendereihe über K. Heim und sein Hauptwerk „Der christliche Glaube und das Denken der Gegenwart" (die Rezensionen bieten dann die Möglichkeit des Zugangs zum Hauptwerk). Hier lassen sich für interessierte Jugendliche gezielt auch Einzelaufgaben verteilen.
„Ich gedenke der vorigen Zeiten" enthält eine ältere Rundfunkrezension des Hauptwerkes (S. 230 ff.), die sich mit der o. a. vergleichen läßt.

Biblische Orientierung:
Kolosser 2,3; Matthäus 6,33; 9,2 ff.; 9,22; Johannes 17,1; 1. Petrus 3,15

Zu Wissenschaftler - theologischer Denker - Brückenschläger

Denkanstoß:
Was ist für mich Wissenschaft?
Wie denke ich über Theologie und Theologen?
Ist Forschung überhaupt nötig?
„Es ist alles relativ" – was meine ich damit?
Kenne ich bei mir Berufung? Wie denke ich über die Zukunft?
Sind alle verlockenden Herausforderungen von Gott/vom Teufel?
Wie kommt es, daß wir Worte und Meinungen anderer oft nur nachplappern, ohne deren Sinn zu verstehen?
Bin ich schon einmal bis an die Wurzeln meiner Existenz erschüttert worden?

Lebensbild:
Begegnung Heim – Einstein in „Ich gedenke der vorigen Zeiten" und in Köberle, Karl Heim, Steinkopf-Verlag.
Briefwechsel Heims mit Mackay, Princeton, in Beiheft 3/89.
Karl Heim über seine Theologie in „Evangelium und Wissenschaft" 1/80

Herausforderung:
Was hindert mich, Theologie zu studieren? (Dazu Heims Einführung ins Theologiestudium, in: Haaker, Lernen und Leben, Aussaat-Verlag)
Traktat „Naturwissenschaftlich denken und christlich glauben", Mut zum Christsein Nr. 9 (Ev. Diakonissenring, E.-Brandström-Str. 10, 7430 Metzingen).
Wo könnte/müßte ich mich seit längerem ganz ernsthaft auf Probleme der Naturwissenschaft einlassen (z. B. Biologie, Physik, Mathematik, Chemie, aktuell: Genetik, Biochemie, Informatik etc.)?
Zur Beschäftigung mit Einsteins Relativitätstheorie erscheint in Kürze eine verständliche Darstellung von Dr. K. Philberth.
Habe ich Erfahrungen und/oder Informationen über Nationalsozialismus und Antisemitismus angenommen oder verdrängt?
Wie will ich mit meiner eigenen und der Schuld der Väter (im Hinblick auf das 3. Reich) umgehen?

Biblische Orientierung:
Konkordant erarbeiten 1. Timotheus 3,16; Matthäus 24; Offenbarung 21

Literaturhinweise

Folgende Bücher von Karl Heim sind lieferbar:

Der evangelische Glaube und das Denken der Gegenwart. Grundzüge einer christlichen Lebensanschauung:

I. Glaube und Denken. Philosophische Grundlegung einer christlichen Lebensanschauung, Aussaat 7. Auflage 1985, 224 Seiten, DM 14,80

II. Jesus der Herr. Die Herrschervollmacht Jesu und die Gottesoffenbarung in Christus, Aussaat 5. durchgesehene Auflage 1977, 200 Seiten, DM 13,80

III. Jesus der Weltvollender. Der Glaube an die Versöhnung und Weltverwandlung, Aussaat 6. Auflage 1985, 232 Seiten, DM 15,80

IV. Der christliche Gottesglaube und die Naturwissenschaft. Grundlegung eines Gesprächs zwischen Christentum und Naturwissenschaft, Aussaat 3. überarbeitete Auflage 1976, 244 Seiten, DM 15,80

V. Die Wandlung im naturwissenschaftlichen Weltbild. Die moderne Naturwissenschaft vor der Gottesfrage, Aussaat 2. Auflage 1978, 264 Seiten, DM 16,80

VI. Weltschöpfung und Weltende. Die Weltzukunft im Lichte des biblischen Osterglaubens, Aussaat 2. Auflage 1976, 200 Seiten, DM 13,80

Das Weltbild der Zukunft. Eine Auseinandersetzung zwischen Philosophie, Naturwissenschaft und Theologie, Aussaat 1980, 328 Seiten, DM 25,80

Das Heil der Welt. Die Botschaft der christlichen Mission und die nichtchristlichen Religionen, Edition C: M 96, Brendow 1986, 187 Seiten, DM 15,80 (Aufsätze, herausgegeben von Friso Melzer), Bestell-Nr. 55796

Versöhnung und Weltvollendung, Edition C: X 57204, Brendow 1982, 157 Seiten, DM 15,80 (Aufsätze, herausgegeben von Adolf Köberle)

Zeit und Ewigkeit. Herausgegeben und mit einem Vorwort von Adolf Köberle, Brendow 1987, Paperback, 180 Seiten, Bestell-Nr. 57111

Der geöffnete Vorhang, Telos TB 86, Francke 1974, 80 Seiten, DM 6,95

Ich gedenke der vorigen Zeiten, R. Brockhaus TB 302, 224 Seiten, DM 7,95 (Autobiographie)

Jesus als Seelsorger, Marburger Hefte 8, Francke 1974, 16 Seiten, DM 2,–

Was nach dem Tod auf uns wartet, ABCteam TB 3082, 1981, 40 Seiten, DM 2,95

Quellenhinweise und praktische Hilfen

Zu Seelsorger – Missionar – Weltreisender

Video-Film „Karl Heim – Denker evangelischen Glaubens", 50 Minuten, über KHG

Dia-Serie „Karl Heim – Denker evangelischen Glaubens" (in Arbeit)

Schallplatte Morgenfeier mit Karl Heim über 2. Kor. 4/6 (alte, einzige bekannte Stimmaufnahme, Qualität daher mangelhaft – teilweise in den Videofilm übernommen)

Friedrich Hauß, Karl Heim – der Denker des Glaubens, Seite 9 ff.

Karl Heim, Ich gedenke der vorigen Zeiten, Brockhaus-Verlag

EVANGELIUM und WISSENSCHAFT 6/1982 (K. Heim bei der Weltmissionskonferenz 1928 in Jerusalem; über Geschäftsstelle der Karl-Heim-Gesellschaft, PORTA 19 über SMD-Zentralstelle, Postfach 554, 355 Marburg

Zu Lehrer – Prediger – Schreiber

EVANGELIUM und WISSENSCHAFT 1/1980 (K. Heim über „meine Theologie")

Karl Heim, Der evangelische Glaube und das Denken der gegenwart (6 Bände, über Geschäftsstelle der KHG), Edition Aussaat

EVANGELIUM und WISSENSCHAFT 2/1981 (Karl Heim: Bilden ungelöste Fragen ein Hindernis für den Glauben?)

W. Hägele, „Ich kann das nicht glauben" (Dialog über Axiome der Mathematik und den christlichen Glauben; über Geschäftsstelle der KHG)

Friedrich Hauß, Karl Heim – der Denker des Glaubens; Predigtproben Karl Heims, Seite 45 f., 48 f.

Karl Heim, Weltbild der Zukunft (verbilligt über Geschäftsstelle der KHG)

Zu Wissenschaftler – theologischer Denker – Brückenschläger

Karl Heim, Einführung in das Studium der Theologie; in K. Haaker, Lernen und Leben, Ansprachen an Theologiestudenten mit Texten von K. Barth, D. Bonhoeffer, K. Heim, H. J. Iwand, A. Schlatter, H. W. Wolff; Edition Aussaat

Traktat „Naturwissenschaftlich denken und christlich glauben", Mut zum Christsein Nr. 9, Ev. Diakonissenring, Elsa-Brandström-Straße 10, 7430 Metzingen

Karl Heim, „Ich gedenke der vorigen Zeiten", Seite 230 ff. Besprechung seines Hauptwerkes „Der christliche Glaube und das Denken der Gegenwart" im Beiheft 3/89